副刊文丛

主编 李辉 王刘纯

风吹书香

冻凤秋 著

中原出版传媒集团
中原传媒股份有限公司
大象出版社
·郑州·

图书在版编目(CIP)数据

风吹书香/冻凤秋著.— 郑州：大象出版社，2018.3
(副刊文丛／李辉，王刘纯主编)
ISBN 978-7-5347-9555-8

Ⅰ.①风… Ⅱ.①冻… Ⅲ.①读书活动—文集 Ⅳ.①G252.17-53

中国版本图书馆 CIP 数据核字(2017)第 276683 号

## 风吹书香
FENGCHUI SHUXIANG

冻凤秋 著

| 出 版 人 | 王刘纯 |
|---|---|
| 项目统筹 | 李光洁　成　艳 |
| 责任编辑 | 李　爽 |
| 责任校对 | 牛志远　倪玉秀 |
| 封面设计 | 段　旭 |
| 内文设计 | 杜晓燕 |

| 出版发行 | 大象出版社(郑州市开元路 16 号　邮政编码 450044) |
|---|---|
|  | 发行科　0371-63863551　总编室　0371-65597936 |
| 网　　址 | www.daxiang.cn |
| 印　　刷 | 北京汇林印务有限公司 |
| 经　　销 | 各地新华书店经销 |
| 开　　本 | 787mm×1092mm　1/32 |
| 印　　张 | 9.5 |
| 版　　次 | 2018 年 3 月第 1 版　2018 年 3 月第 1 次印刷 |
| 定　　价 | 38.00 元 |

若发现印、装质量问题，影响阅读，请与承印厂联系调换。
印厂地址　北京市大兴区黄村镇南六环磁各庄立交桥南 200 米(中轴路东侧)
邮政编码　102600　　　　　　　电话　010-61264834

# "副刊文丛"总序

李　辉

设想编一套"副刊文丛"的念头由来已久。

中文报纸副刊历史可谓悠久,迄今已有百年。副刊为中文报纸的一大特色。自近代中国报纸诞生之后,几乎所有报纸都有不同类型、不同风格的副刊。在出版业尚不发达之际,精彩纷呈的副刊版面,几乎成为作者与读者之间最为便利的交流平台。百年间,副刊上发表过多少重要作品,培养过多少作家,若要认真统计,颇为不易。

"五四新文学"兴起，报纸副刊一时间成为重要作家与重要作品率先亮相的舞台，从鲁迅的小说《阿Q正传》、郭沫若的诗歌《女神》，到巴金的小说《家》等均是在北京、上海的报纸副刊上发表，从而产生广泛影响的。随着各类出版社雨后春笋般出现，杂志、书籍与报纸副刊渐次形成三足鼎立的局面，但是，不同区域或大小城市，都有不同类型的报纸副刊，因而形成不同层面的读者群，在与读者建立直接和广泛的联系方面，多年来报纸副刊一直占据优势。近些年，随着电视、网络等新兴媒体的崛起，报纸副刊的优势以及影响力开始减弱，长期以来副刊作为阵地培养作家的方式，也随之隐退，风光不再。

尽管如此，就报纸而言，副刊依旧具有稳定性，所刊文章更注重深度而非时效性。在新闻爆炸性滚动播出的当下，报纸的所谓新闻效应早已滞后，无法与昔日同日而语。在我看来，唯有副刊之类的版面，侧重于独家深度文章，侧重于作者不同角度的发现，才能与其他媒体相抗衡。或者说，只有副刊版面发表的不太注重新闻时效的文章，才足以让读者静下心，选择合适时间品茗细读，与之达到心领神会的交融。这或许才是一份报纸在新闻之外能够带给读者的最佳阅读体验。

1982年自复旦大学毕业，我进入报社，先是编辑《北京晚报》副刊《五色土》，后是编辑《人民日报》副刊《大地》，长达三十四年的光阴，几乎都是在编辑副刊。除了编辑副刊，我还在《中国青年报》《新民晚报》《南方周末》等的副刊上，开设了多年个人专栏。副刊与我，可谓不离不弃。编辑副刊三十余年，有幸与不少前辈文人交往，而他们中间的不少人，都曾编辑过副刊，如夏衍、沈从文、萧乾、刘北汜、吴祖光、郁风、柯灵、黄裳、袁鹰、姜德明等。在不同时期的这些前辈编辑那里，我感受着百年之间中国报纸副刊的斑斓景象与编辑情怀。

行将退休，编辑一套"副刊文丛"的想法愈加强烈。尽管面临新媒体的挑战，不少报纸副刊如今仍以其稳定性、原创性、丰富性等特点，坚守着文化品位和文化传承。一大批副刊编辑，不急不躁，沉着坚韧，以各自的才华和眼光，既编辑好不同精品专栏，又笔耕不辍，佳作迭出。鉴于此，我觉得有必要将中国各地报纸副刊的作品，以不同编辑方式予以整合，集中呈现，使纸媒副刊作品，在与新媒体的博弈中，以出版物的形式，留存历史，留存文化，便于日后人们借这套丛书领略中文报纸副刊（包括海外）曾经拥有过的丰富景象。

"副刊文丛"设想以两种类型出版，每年大约出版二十种。

第一类：精品栏目荟萃。约请各地中文报纸副刊，挑选精品专栏若干编选，涵盖文化、人物、历史、美术、收藏等领域。

第二类：个人作品精选。副刊编辑、在副刊开设个人专栏的作者，人才济济，各有专长，可从中挑选若干，编辑个人作品集。

初步计划先从20世纪80年代开始编选，然后，再往前延伸，直到"五四新文学"时期。如能坚持多年，相信能大致呈现中国报纸副刊的重要成果。

将这一想法与大象出版社社长王刘纯兄沟通，得到王兄的大力支持。如此大规模的一套"副刊文丛"，只有得到大象出版社各位同人的鼎力相助，构想才有一个落地的坚实平台。与大象出版社合作二十年，友情笃深，感谢历届社长和编辑们对我的支持，一直感觉自己仿佛早已是他们中间的一员。

在开始编选"副刊文丛"过程中，得到不少前辈与友人的支持。感谢王刘纯兄应允与我一起担任丛书主编，感谢袁鹰、姜德明两位副刊前辈同意出任"副刊文丛"的顾问，感谢姜德明先生为我编选的《副刊面面观》一书写序……

特别感谢所有来自海内外参与这套丛书的作者与朋友，没有你们的大力支持，构想不可能落地。

期待"副刊文丛"能够得到副刊编辑和读者的认可。期待更多朋友参与其中。期待"副刊文丛"能够坚持下去，真正成为一套文化积累的丛书，延续中文报纸副刊的历史脉络。

我们一起共同努力吧！

2016年7月10日，写于北京酷热中

# 目 录

风与树          乔 叶 1

书中，有凤来仪      冯 杰 5

## 第一辑 风乍起 每一次邀约都带来奇迹

一起读，让灵魂交响        3

春日共读，美好地走神吧     11

这一夜，文化的感召力唤我们来   21

"真实男"和"虚妄女"的故事    32

能够坐下来聊，这是我们的缘    42

不要你捧，不要你哄，只要你懂   50

端午时节，在古雅的文字里看草见花   60

当《信球》遇上《野狐禅》     69

归来，家乡的目光照亮"黑白男女"      81

真正的天堂，就是读书的模样      92

七十九年后，鲁迅在人间      108

热气腾腾的生活      117

永在流动的青春河      128

## 第二辑 书香浓 一样的总是灵魂的悸动

书写，循着生命的节奏      139

终于，敲到自己的家门      148

若此生只相遇一次      158

让读书成为一种生活方式      171

深邃的眼，童真的心      181

爱是一生的修行      189

她不是过客，是归人      197

世界不远，就在你心里      206

听，理想在唱歌      211

故乡处于大地的中央      220

## 第三辑　名家情　把生命的风车缓缓吹动

| | | |
|---|---|---|
| 心怀梦想　脚踏实地 | 墨　白 | 229 |
| 让自己有光 | 乔　叶 | 234 |
| 每个作家内心都有一座图书馆 | 马新朝 | 241 |
| 由来已久的心愿 | 刘庆邦 | 247 |
| 读书，滋润我们的灵魂 | 鲁枢元 | 255 |
| 童心比童年重要 | 肖复兴 | 262 |
| 《陌上》与一个时代的新乡愁 | 付秀莹 | 268 |

刹那欢喜（代后记）　　　　　　　　　　274

# 风 与 树

乔 叶

近日去南方出差,乘高铁。一向喜欢看树,七个小时的旅程让我看足了树。到处都是树,河边是树,路边是树,再荒僻的角落里也长着葱葱茏茏的树。聚集在一起成林的树,自然是好的。常常地,一棵树孤零零地长着,那样子也是好的。

树们在田野中静静伫立着。我当然知道,在列车快速的移动中,这静只是一种假象。只要有风,无论风多么微弱,树们都不会辜负。而这田野,怎么会没有风呢?风,从来都没有停止过。

忽然觉得,人如风,书如树。

冻凤秋,《河南日报》副刊《中原风》的主编。这个见人就嫣然浅笑的娴静女子,文学素养极高,性情谦和纯善,小小年纪便以自己的修为赢得了大量的"风花粉",一手打造了省内最有影响力的媒体读书会。

如一个静静伫立的旗手,她召唤来了一大片种树的人。很自然地,又因树,而收获了风。

《风吹书香》便是例证。

打开《风吹书香》,便有浩荡之风扑面而来。

有的是春风,和煦,温暖,如《不要你捧,不要你哄,只要你懂》的主讲孟宪明,《端午时节,在古雅的文字里看草见花》的主讲舒飞廉,《深邃的眼,童真的心》的主讲肖复兴,《她不是过客,是归人》的主讲周瑄璞,《故乡处于大地的中央》的主讲付秀莹。有的是夏风,热烈,滚烫,如《一起读,让灵魂交响》的主讲墨白,《热气腾腾的生活》的主讲焦述,《让读书成为一种生活方式》的主讲鲁枢元,《爱是一生的修行》的主讲叶倾城,《听,理想在唱歌》的主讲张莉。有的是秋风,饱含沉甸甸的果香,如《当〈信球〉遇上〈野狐禅〉》的主讲张宇和冯杰,《真正的天堂,就是读书的模样》

的主讲李佩甫,《永在流动的青春河》的主讲叶辛,《终于,敲到自己的家门》的主讲青青,《归来,家乡的目光照亮"黑白男女"》的主讲刘庆邦,还有《这一夜,文化的感召力唤我们来》的主讲马新朝——尽管斯人远去,但是在他的诗句中,风声猎猎。

这里没有冬天,没有冬天的风。

有的风来自省外,有的风来自省内。有什么不一样吗?

风就是风,风没有地界。只是来到中原后,有了一个统一的名字:中原风。

总听人感叹说,风是短暂的。被风摇曳的,往往比风更短暂。

似乎有道理。但是,在中原风的场域里,我却相信着风和风中之树的恒久,更相信:一棵树,只要能在风中留下,就在这世界扎下了坚实的根。恰如这些书,这些读书和著书的人,以及这些如风一样辗转流传又如大地一样丰饶深厚的文字。

在这种风中行走,总会让我的心中充满了幸福的珍重,也总会让我涌起一阵阵强烈的渴望:做一棵树。努力地,做一棵不错的树!

谨以此文向所有的风和树致敬。兼以自勉。

惭愧为序。

# 书中，有凤来仪

冯 杰

在一次读书会上开场就煞风景，我说现在城市流行新十大俗，诸如穿纯棉，戴珠子，持苹果手机，谈《瓦尔登湖》，读书会自然也算是其中之一，其他五项不敢再说，怕树敌太多，断了以后酒路。

这样一对照，觉得冻凤秋也算是我的"敌人"之一。因为在不同场合的读书会上，经常看到她倩影穿梭，热心张罗读书活动。她已把读书会织成了有自己风格的一件纯棉。

看一座城市外表如何热闹，内在实际是商机打败书馨。现在不是读书年代，越是提倡读书恰恰说明读书缺席。对待读书的态度，我喜欢陶行知的一首歌词《春天不是读书天》，这里有诗意的开脱躲避，有读书道法自然的舒适，有读书从来是少数人在坚持的阐述。拒绝靠一种智慧，读书没有必要搞全民阅读，这开始滋生另一种媚雅的流行，"刘项元来不读书"。我年轻时注释过一句格言"读书改变命运"，人家本来命运好好的，一读书读呆了，果然把命运给改变啦。

后来我又考证，是坐姿不正，把书读歪的缘故。

在一个以事业成败论人生成败的时代，读书不一定是生活里的唯一，但生活里必须要有一种读书的心态和心境。读书永远是一种深度的坚持，是一种人生的散步，是终生相携的光亮。吹灭读书灯，一身都是月。

作为一位新闻媒体人，冻凤秋本职在耕耘《河南日报》副刊《中原风》，晴耕雨读。它前身名叫"大河"，是诗人苏金伞先生定名的。无论是"大河"还是"中原风"，都是文学豫军的一座重镇。几十年来，它一直保持着一个很好的文学传统，团结着老中青三代中原作家，让文学和它有着密切联系。社会上，许多读者正是通过丰富多彩的副刊进入正刊的，"副刊不副，副副得正"。

冻凤秋专业是编者，业余是作家，两者之间的另一个角色是读书活动推广者。风从中原起，她把读书活动经营得小有规模，游刃有余，渐入佳境，已经成为一座绿城的另一种绿意。

去年在去读书会的路上，我建议她把几年里读书活动加以整理，或折花示人，或朝花夕拾。今天我看到了这一道道读书风景线，欣赏那些不同面孔的主人依次登场，各见风采，有漫谈神聊，有不着边际，有鞭辟入里，有空穴来风。一时八方风雨会中州，无非都是在追求一种自由状态，好的读书状态是看时间剥落，是观风云渐起，是听风诉说，是作如是观。

《风吹书香》可谓是一种读书同步进行时。

我想到司空图《二十四诗品》里的典雅之章"玉壶买春，赏雨茅屋"。一种文心文馨温心之境，正在这座商城被读书主人莳花刹那，复制延伸，应运而生，从某种意义上而言，是一个人、是一群人用文化的自觉以一种书香对抗这一座城市的雾霾。

第一辑 风乍起

每一次邀约都带来奇迹

# 一起读，让灵魂交响

主题：物质化时代，如何安顿我们的欲望？

主讲：墨白

嘉宾：张延文

主持：冻凤秋

摄影：张大勇、王铮

时间：2015年1月18日（周日）15:00

地点：郑州城市之光书店

时间静如深海。

冬日午后的阳光折射进来，温暖着这片宁静。一排排的落地书架宛若岛屿，洁净的书籍是草木般的食粮，等待着有缘人。

我们就坐在这岛屿的中心。

这40多位读书人"失散"了很久，各自宅着，阅读，写作，偶尔会觉得寂寞。

某天，他们听到一声呼唤，迫不及待放下一切琐事，像赶赴一场特别的仪式。

2015年1月18日下午两点半，一切没有什么不同，一切又是那么不同。

风儿有些媚，有些烈，一个叫墨白的作家在风中抱着一个纸箱子，箱子里装满了书；一个叫张延文的评论家，也抱着一个纸箱子，箱子里装着可爱的礼物。我手里拿着几张纸，上面写着来参加中原风读书会第一期读者的名字。名单瞬间被风吹飞了，墨白立刻放下箱子，将它追回，然后递到我手里。

我们就这样一前一后走进了一个叫城市之光的书店。

他们已经在等待。

等待听我说，这个下午，美得像一场梦。这个关于读书的梦，《河南日报》和它的副刊《中原风》做了很多年，终于实现了。

等待听墨白说，物质化时代，如何安顿我们的欲望？

他说，要安顿欲望，首先我们要做一个精神高贵的人。一个民族、一个国家成熟的标志是在拥有了丰厚物质的同时，又具有高贵的精神世界。就我们个人而言，只有阅读大量的书籍，且不带功利的阅读，才能提升自己的修养，在物质化的时代敢于坚持本真的性情，看清自己内心的需求，不被世俗的欲望牵引，从而拥有丰富的心灵世界，成为一个精神高贵的人。

其次，要安顿欲望，必须心怀梦想，同时脚踏实地。1950年12月，福克纳在诺贝尔文学奖领奖会上发表演讲说："我感到这份奖并非授予我个人而是授予我的劳作的——那是深陷在人类精神的痛苦与汗水中的一辈子的劳作。之所以劳作，不是为了荣誉，更不是为了利润，而是想从人类精神的材料中创造出某种过去未曾有过的东西。"所以，我们的梦想不是物质、金钱、名利，而是去发现真理，去创造奇迹，证明自己的价值。

若我们都能辛勤地劳作，安然地生活，为家人、朋友，为身边的人们做一些我们力所能及的事情，就能安顿欲望，收获美好。

墨白举了大量的例子，提到古今中外很多精神高贵的人。他讲了很多故事，关于自身的经历，关于小说中的人物。

他的演讲如此动人，以至于嘉宾主持张延文沉浸其中，忘了两人之间的对话环节，反而絮絮叨叨说着自己的感受。他说，在这个时代，如果我们放纵自己的欲望，只会越来越不安，越来越焦虑，压力越来越大。所以我们要读书，要明智，要丰富精神世界，要心怀梦想。他说，每次到墨白家里，看到那么丰富的藏书，就像是到了一个安放着很多美好灵魂的小小天堂，感受到巨大的吸引力。这些书，还有写下这些书的人，是真正值得我们珍惜的财富。

我看到那些聆听者的眼睛里闪烁着光芒，他们有太多滚烫的感受，等待一个出口。

河南省作协副主席、著名报告文学作家刘先琴拿过

墨白的先锋总是以真诚为底色

了话筒,她感慨地说,就我自己而言,这个下午,我有很多选择:我家里的书房温暖明亮,我可以处理文稿;我身上还带着一个健身卡,我可以去游泳、健身;我还可以去逛逛商场。但我还是特别愿意到这里来,很长时间没有这种静静聆听的享受了。这一瞬间,我们是高贵的,我们的灵魂得到了安顿。

首次大合影，生怕把书法横幅扯坏，后来拿去装裱，有卷轴，好多了

媒体人阙则思说，在这个时代，我们呼唤君子，我们每个人哪怕是到书店买一本书，去街边的小摊买个红薯，怀着悲悯之心做一些小事，让我们身边的人多一些生存的尊严，让自己少一些无谓的欲望，这个城市的精神就会充满光亮。

大学教师范红娟谈到自己的感受，她说，年轻时我们会渴求物质上的东西，但渐渐地，我们会意识到精神生活的重要性。我们的一生会遇到很多问题，如果没有自己的精神世界，就会缺乏排解的能力。物质和精神是人生的两条腿，缺一则迈不出幸福的脚步，每个人需要根据自己的情况调适两者的关系。

热心读者汪佳、张振炎，郑州大学学生宋朝冉，公司职员李志坚，书店职员王勤，小说作家八月天，编剧张晓利，专栏作者宋朝，全职妈妈王献芬等就如何选择好书、排解生命的孤独、怎么平衡爱好、梦想和就业之间的关系、怎样让书店更好地生存下去、如何弘扬传统文化等和作家墨白一一交流。

他们手里拿着小小的礼物——来自墨白老家淮阳太昊陵的布老虎，笑意盈盈。

没有人意识到，三个半钟头已经过去。

窗外，夜色渐浓，华灯初上。不得不结束了。

大家围聚在一起，拿着胡巨成先生的书法"中原风读书会"合影留念的时候，我的耳边还回响着那些话——

到书店去,到图书馆去,读读闲书,是安顿欲望的最好方式。这是我的同事白全贵说的。

每天对着镜子笑一笑,让我们的心静下来,静得像呼吸一样。那是艺术学校老师王素萍说的。

对于我们的生命,很多东西是不重要的,都可以放弃。我们要用有限的时间做一些对生命有益的事情,要多读书,越读你会觉得时间越不够用。这是作家墨白说的,说这句话的时候,他提高了声调。

走出书店,时间随嘈杂的人流车流起伏,泛起波澜。

大概又要被堵在路上了,我这样想,但并不着急,一颗心静如深海。

# 春日共读，美好地走神吧

主题：让自己有光

主讲：乔叶

嘉宾：任瑜、陈静

主持：冻凤秋

摄影：邓放

时间：2015年3月7日（周六）15:00

地点：郑州大摩纸的时代书店

**约吧**

四个女士挤在汽车后座上，一路欢声笑语，我瞬间走了神，以为是要去野餐。

从北环到西环，绕了半个郑州城，终于到了。

乔叶的两个从焦作来的同学提着重重的装满书的袋子，我挽着乔叶。她看我路痴的样子，生怕我们会走错路，找不到书店。

弯弯绕绕，某个抬头的瞬间，绿意扑面而至。

这是纸的时代书店，穿过长长的绿色的走廊，一片光亮。

大大的"中原风读书会"海报，温暖的橙色背景上，花儿摇曳，春日的明媚气息荡漾开来。

时间还早，已经座无虚席，后来者就那样站着，拿一本书，静静地等。

等待春暖花开，等来三月这样一个阳光和煦的好天气，等着风儿吹来3月7日午后约会的消息，等候和喜爱了很久的作家共读……

人越来越多，做分享活动的空间几乎要站不下了，很多读者退后到阅览区，站在书架边抬头张望。一向沉静的店长李方有点着急地说："第一次觉得我们书店这么小！"

我笑了。想起了几天来在中原风新媒体平台上"风花粉"的问候语,齐刷刷地全是:约吗?

约吧,当然!

这是一场美妙的约会,接头暗号:让自己有光!

**听吧**

她从来都是邻家女孩般的亲切自然。曾经,有一种散文叫乔叶:清淡如水,细微似尘,不追求深刻,却能触到心灵深处。后来,她日渐成熟,她向时间深处挖掘,向生活底层探索,她在广阔的世界里行走,同时拓展内心的纬度,小说家乔叶写出了气象。她的《最慢的是活着》获得第五届鲁迅文学奖。但她觉得写下这些文字并不吃力,于是获得荣誉的同时很冷静地反省自己。她努力超越自我,于是有了直面现实的《拆楼记》和深入分析复杂人性的长篇小说《认罪书》。但她还是那个生长在中原大地的妞儿,一张口全是鲜活的、接地气的话。她说,自己也爱刷微信,知道现在有一

果然是乔叶，有大明星范儿！

个流行词叫"化肥女",就是很多女子只注重化妆和减肥,过于在意自己的"颜值";还有一个词叫"暖男",说嫁人就要嫁"暖男"。大家一下子笑了。

融融的一片暖意。两个半小时的午后时光,一直就是这么温暖、自在,她从女人和作家两个角度谈如何让自己有光。讲者渐入佳境,听者咂摸滋味。

在和文学博士任瑜的对谈环节,乔叶坦然地讲起了自己"黑暗"的经历:17岁时从师范毕业被分到乡村学校教书,内心的不平和叛逆,牢骚满腹,甚至"小宇宙里面全是炸药";最初投稿也总是被退回或者被要求多次修改,这让她抱怨不断。终于有一天,她认识到不是周围世界的问题,她开始反省自己,眼前豁然开朗。她由此谈到,我们不要总说怀才不遇,首先要让自己变得更好。

她们谈女人。有过英国留学经历的任瑜说,在国外的街头,经常可以看到很多已然老去但依旧美丽优雅的女人,所以女人不要陷入琐碎的生活,太早放弃自己,不要只把精神寄托在老公孩子身上,要有自己的天地。

乔叶讲，优秀的女子拥有玫瑰的品质，不仅美丽芳香，也带刺，有丰盈的内心和强大的生命力，经得起摔打，这样的美才长久。

她们谈创作。乔叶说，虚构只是小说的外壳，内核永远是相通的，那就是人性。读懂了人性，即便写自己完全陌生的职业和生活，也并不是想象的那么困难。只需要深入扎实的采访，加上一颗悲悯心和同情心，就能创作出有光的作品。她从不担心没什么可写，生活是永不枯竭的源泉。

乔叶拿起最新出版的散文集《走神》，诵读了其中的一篇《秋疙瘩》。她应该很久没有亲口读自己写的文章了吧，读得新鲜，大家也听得新鲜。什么是"秋疙瘩"，就是饺子。关于吃，乔叶是不含糊的，她爱吃，也会做。坐在她身边的河南文艺出版社编辑陈静是这本书的责编，也是包饺子高手。她透露了一些生活中的趣事。编完这本书后，她请乔叶吃饺子，两种馅：荠菜猪肉和萝卜羊肉。乔叶一直说，好吃，好吃。于是陈静趁机指出乔叶在《家常饭》一文中某些不合时宜的包饺子的方法，乔叶听得认真，还把陈静的话录了下来，回家积极实践。随后还写了小说《饺子》和散文《饺子》，后者就发表在《河南日报》的《中原风》版上。陈静感慨，乔叶不仅是散文家，更是生活家。

## 聊吧

听说是乔叶担任主讲，他说，一定要去。他从繁忙中抽身，亲自当司机，去接乔叶。他认真地聆听，以一个诗人、作家的睿智谈到对"让自己有光"这个话题的见解。他说，这个话题太好了。世界万物的诞生离不开光，而一些伟大的思想家比如孔子的出现则为人类带来了文化的光芒。具体到今天的讲座，乔叶通过奋斗和写作，让自己曾经受挫和自卑的内心变得强大美丽，充满光亮；同时，身为作家，她的作品散发的光芒又照亮了世界。所有的创作者都是了不起的、有光的人。他是我的同事、领导张鲜明。

她也来了，坐着地铁，穿越一座城。她说，散文是真实的，小说是虚幻的，而乔叶在两个方面都做得很好。文字有奇异的光芒，会开启很多看待这个世界的门。她问乔叶，如何在文学的王国里把自己从璞玉变成闪闪发光的钻石？乔叶说，对自己来说，写作像排毒，在写作中，她逐渐理解人性的多面和生活的不易，这也很好地缓和了自己和世界的关系，不再紧张、尖锐，而是与世界达成了和解，于是气顺了，内心逐渐有了亮度。问者点头称是，她是萧红传记《落红记》的作者王小萍。

历史小说作者曹雁雁谈到自己的感触，她说，读书是这个世界上门槛最低的高贵举动，爱读书、有知识的女性，都是有光的。知识让女性的胸怀更为宽广，她们对长者的尊敬，对同辈的谦和，对幼者的爱护，对弱者的疼惜，都让自身充满了迷人的魅力。

杂志主编高珊珊、吕静、谷凡，媒体人张鸣飞，青年诗人吴湘渝，医学研究生郑玉宝等就如何让自己有不枯竭的写作源泉，如何找到理想的爱情，如何选择人生之路，以及当代女性面临的压力和困境等问题向乔叶提问，乔叶都给出了清晰、智慧的答案，现场掌声不断。

## 走神吧

热心读者刘娜娜、孙晓明、李长顺分别从天津、安阳等地赶来，专门参加中原风读书会。听着他们说自己数着日子盼望读书会活动举办，听他们谈自己对文学的热爱，我瞬间走神了。

想到我的同事樊霞说的，其实没有什么问题想问，就这么坐着，聆听着，有一种别样的感受，对乔叶本人、对生活忽然有一种深层的理解，这种感觉真好。

想到我的那些朋友，张红梅、王苹果等，大家都在做着同样的事情，办读书会，为更多爱读书、爱写作的人提供一个交流聚会的平台。在这个被各种电子产品包围的快节奏时代，我们尝试着慢下来，在一个叫文学的岔道上散步，散啊，散啊，不知散到了哪里，又仿佛散到了任何一个地方。

我们追求什么呢？我们坚持什么呢？

不过是如乔叶说的，想奔向心灵最本真的地方，奔向灵魂最自由的地方，找到那个散发光亮的内在。

那个春日的下午，我和迟迟不愿散去的读者一起，美好地走了一次神。

# 这一夜,文化的感召力唤我们来

主题:读书,让灵魂吸氧
主讲:马新朝
嘉宾:单占生
主持:青青
摄影:张大勇、王少帆
时间:2015年4月21日(周二)19:30
地点:河南省新华书店尚书房

一

我听到好多声音在呼唤我,我回应着,恨不得把心掏出去,恨不得立刻插上翅膀飞过去。但我被挤在人群中，几乎无处立足，动弹不得，往前每挪一步都要小心翼翼。

我扶着他的肩膀，看着她的眼睛，闻着另外一些人的气息。这是一座森林吗？每一棵树都枝繁叶茂，在和煦的春风中摇曳着，释放充足的氧气。这是一片星空吗？每一颗星都互相仰望，在碧蓝色的天幕里闪烁，带来美丽的光亮。

这一夜，在这间叫尚书房的社区书店，我暗暗地担心，不大的书店咖啡区会不会被这100多名来自全省各地的爱书人撑破？我又想，会不会氧气太足，有人会醉氧了？会不会光芒太强，产生眩晕感？

终于站到了两位智慧且幽默的长者身边。此前的24小时，中原风读书会邀马新朝和单占生首次对谈读书话题的消息在河南文学界、诗歌界迅速扩散。风一样的速度。

神一样的主题：读书，让灵魂吸氧！

二

我们就这样一日日活着，大概从来都没有问过，我们的灵魂会不会缺氧。

而诗人、书法家马新朝每天都在问，为什么要读书？

他叩问那些伟大的作家，发现他们每个人的内心都有一座图书馆。

如何读书？

少年时，他迷醉在唐诗宋词里，在南阳唐河一个小村庄里想象世界的瑰丽；大雪纷飞的夜里，他听远房大哥念《离骚》，泪流满面；15岁，他通读了四大名著；17岁，他参军，离开小村庄。在部队，他深夜躲到仓库读书，为了不让人发现，用黑布蒙住窗子，就这样一本接一本地读。21岁那年，他写了一篇关于《红楼梦》的评论文章，被调到部队文学创作组，人生从此改变。后来无论是到浙江省文联工作，回郑州一家杂志社担任副总编辑，还是到河南省文学院任副院长，他都尽可能抽出时间读书写作，为此不惜数次辞职。

总结大半生走过的路，他说自己基本上每天都在跟书打交道。他创作的所有作品，都做了非常充分的准备。写获鲁迅文学奖的长抒情诗《幻河》之前，他阅读了大量的20世纪中西哲学著作。他说，要把现代诗写好，靠的是哲学功底和心灵感受力，否则是走不远的。

文学评论家单占生则喜欢独自和灵魂对话。

他很少参加读书会，他一直认为读书是一个人的事情。但这次来中原风读书会，却受到很多启发。他赞赏马新朝的很多观点，比如一个作家的博大是从知识、从阅读来的，一个民族的文明程度高低也取决于知识和阅读量。比如一个人的人生是由时间和空间组成的，我们要读万卷书，行万里路。但如果不读书，走得再远意义也不大，因为没有解读空间的能力。他说，这对我们很有启发。

他同时也收获了很多感动。学识渊博的他说，"尚书房"是清朝雍正年间设立的地方，供皇家子女读书。这个社区书店起这个名字，给人的感觉很有传承意味。

这一夜，文化的感召力唤我们来

马老单老相知相惜

大地空了，只有你的笑容留在风中！

其实，我们身上都有遗传的密码，这个密码是我们的文化。最早有个概念叫"社"，社是祭奠土地的一种仪式。今天，我们的生活仍然离不开仪式，需要某种文化传统的方式。我们今天的读书会也是一个社，在祭奠这种读书感觉的重新回归，这是有意义、有价值的。他说，是文化的感召力把我们带到中原风读书会来了。今天可谓群贤毕至，大家来到这里，说明读书在我们这个时代重新焕发了魅力，读书会也成为郑州一道迷人的风景。

他说，这种仪式后，我们还是要回到个人的阅读状态。读书本身是一件孤独的事情，我们要给自己留出一点时间，跟灵魂对话。

## 三

那些聆听者，呼吸连着呼吸，眼神对着眼神，灵魂触碰着灵魂，都是一类人，同样地，读书上了瘾，谈诗上了瘾，聆听上了瘾。

他站起来，有点羞涩，拿起马新朝的诗集《红花触地》，朗诵他喜欢的《回来吧》和《我所说的往昔》两首。这样近距离听他朗诵，能听出他声线里偶尔流露出的点点犹豫和不安，不知为什么反而觉得很贴心。他是著名朗诵家于同云。

还有一个人，没有到场，但他仿佛也坐着聆听、交流。那一天，我问他，这期读书会主题怎么表达更精准，他脱口而出："读书，让灵魂吸氧。"他的灵光乍现让我惊叹。他热心地为这期读书会策划，和主讲人联络。他是《河南日报》文体新闻部主任张鲜明。

后来的文朋诗友，他们一个个地坐到两位长者的身边，也仿佛没有什么问题要问，只是说说心里沉淀已久的话。

诗人邓万鹏从和马新朝的读书交往经历，讲到对读书决定一个作家能走多远这句话的体悟。他说，时光易逝，去读书，去写诗，去创作，不要留遗憾。

来自济源的刘慧华、艺术学校老师王素萍分享关于读书的困惑和感受。

诗人萍子说，马新朝之所以能写出这么好的诗，是因为他的慈悲、他的干净和他的真实。这三点加上他庞大的阅读量，才成就了今天的杰出诗人。

诗人吴元成请马新朝推荐10本书给读者。马新朝说，要读经典的精神含量高的书，比如特朗斯特罗姆的诗、曼德尔施塔姆的书、杜甫的诗、冯友兰的《中国哲学简史》。

爱书人王小安问马新朝退休后最想做的事。他说，我梦想的生活，就是一杯茶，一本书，一张躺椅，简简单单，足矣。退休之后，我的生活清零，一切都似乎重新开始。最想做的事情就是好好读书，专心写东西，总感觉有很多重要的作品还没写出来。

## 四

夜已深。

还在静静地讲，轻轻地问，慢慢地答。

他们在听，从头到尾没有挪动过，没有人知道他们身居要职。这一刻，马海盈是那个写乡愁的诗人，李玉梅是普通的读书人，高金光是低调的作家，殷江林是平凡的文学爱好者。

儒雅的《河南日报》肖总一直专注地听着，读书会临近结束的时候，主持人王小萍让他发言，他一连说了三个想不到，惹得大家一片笑声。他还说这是第一次听马新朝老师结合自身的经历谈读书，谈创作，谈人生，有很多动人故事和深刻感悟。单占生是今天在座很多人的大学老师，他在诗歌评论上的造诣让我们高山仰止，他今晚和马新朝的对谈是珠联璧合。互动环节大家的分享见仁见智，引起了今天在座的爱书人的许多共鸣。

他还代表读书会主办方《河南日报》表达了很多感谢、很多祝福，听得人心里暖意融融的。

读书会要结束了，大家相拥着，笑谈着，舍不得离开。

走出书店，人们又在门前广场久久留恋。回头看，书店的橘色的灯光暖暖的，夜色幽蓝幽蓝的。

没有不散的筵席，没有永恒的仪式。

欢聚过后，我们要孤独地面对自己的灵魂。要喜欢这份孤独，享受这份孤独，你就会爱上阅读。

4月23日是世界读书日，一个人静静地读，在心里仰望、怀念那个叫莎士比亚和那个叫塞万提斯的人。

# "真实男"和"虚妄女"的故事

主题：用写作对抗生活的虚妄

主讲：鲁敏

主持：碎碎

摄影：王少帆

时间：2015年4月26日（周日）15：00

地点：郑州大摩纸的时代书店

## 第一幕：初见

鲁敏穿了一件简单的白T恤，外搭深蓝色的衬衫，配上清爽的发型，大学生的模样，看不到岁月的风霜。也许那风霜都化作了她笔底的波澜。

写小说近20年,她推出了首部散文随笔集《我以虚妄为业》。

去见她的路上,我还在读。

她的书需要慢慢读,感同身受地读,因为她是掏心掏肺地在写。她的青春,她的家庭,她的伤痛,她的阅读,她的写作,都在里面,清清楚楚地,让你看到她的灵魂。

坐在她身边,淡淡地聊。知道她也做饭,爱吃面条;知道她是一个严厉的母亲,女儿读高中;知道她并非专业作家,她是南京市作协秘书长,算是公务员身份,工作也很繁忙;知道她常常晚上读书,并不熬夜,晨起写作;知道她遗憾未能上大学,读了中专,进入邮电系统工作,经历种种岗位,消磨了大把时间。终于在25岁,怀着身孕,开始义无反顾投入写作,一去不回头。

乔叶就坐在餐桌的斜对面,复古的蓝底红花斜襟短袖,美极了。

一个蓝牡丹,一个白百合。

才知道她们有那么深的缘。

长篇小说《六人晚餐》是鲁迅文学奖得主鲁敏的代表作

第五届鲁迅文学奖，两位年轻的"70后"作家榜上有名。乔叶的《最慢的是活着》获中篇小说第一名，鲁敏的《伴宴》获短篇小说第一名。

颁奖典礼在绍兴举办，两个人相遇了，欢欢喜喜，相知相惜。

这一组由河南文艺出版社策划推出的"小说家的散文"系列中，乔叶推出了温暖美好的《走神》，并在中原风读书会三月号上与读者见面，场面之火爆，情景之美妙，至今仍留在大家的脑海里。鲁敏的《我以虚妄为业》则是真实深刻的，她又会给"风花粉"带来什么样的感受呢？

他来晚了。一个杰出女性颁奖礼，参加了一半，舍弃了和国际名模马艳丽共进晚餐的机会，特意赶来。他究竟为了什么？

他曾坚持真实不虚的人生哲学，他有着新闻人追求真相的理想信念，有着秉笔直书的勇气和执着。可是，当他看到作家鲁敏，一个以虚妄为业的女作家，他竟然有些"动摇"了。

于是，他们探讨起虚妄和真实。何为真实？何为虚妄？也许真实和虚妄从来都是相伴而生的，在真实和虚妄之间有一个很大的中间地带，又或者虚妄何尝不是另一个精神层面的真实？而真实于漫漫人生和宇宙洪荒来说，又未必不是相对和虚妄的。

那一晚，大家笑谈着，辩论着，智慧的火花砰砰四溅。

分别时，不经意地数了数，六个人。

鲁敏讲话语速极快,像是俏丽的邻家女孩

想起碎碎说的:读鲁敏小说的话,我首先推荐她的《六人晚餐》。

## 第二幕:聆听

"真实男"是个大忙人,前一日,他说,有事不能参加鲁敏读书沙龙了。可是,26日上午,他发来微信说,我要去听鲁敏讲。

我在心里微笑。"虚妄女"的魅力果然大。

下午,他从大东区赶到大西郊,提早到来,和现场的读者一起安安静静地坐着,聆听。

听河南文艺出版社总编辑陈杰致辞,介绍"小说家的散文"系列图书的作者都是国内极具知名度的作家。第一辑推出6位作家,有铁凝、阎连科、周大新、何士光、刘庆邦,还有鲁敏,其中鲁敏是最年轻的一位。这套书的封面由知名设计师刘运来设计,《我以虚妄为业》的封面选取的是印象派大师莫奈的画作。

听碎碎谈自己对鲁敏的种种感受。她说,作为这本书的责编,和鲁敏联系有一年多了,一直没有见过她,但是在心理感觉上就像有某种亲缘关系一样。这种亲缘,是精神上的。因为在看她的书的时候,你的情感,你的内心,被她搅动,甚至被她注入新的东西。她给你一种新的看待世界的眼光,你从中很受触动,产生强烈共鸣,仿佛你们共同经历了一段人生一样。而且,你对很多东西虽然有感受,但是混沌未明,很难说清的感觉,她用文字给你揭示得很清楚,她把它们打捞出来,掀开,照亮。她在作品中塑造的人物,会影响你内心的底色、做人的风格,影响你的精神建构,那不就像是有某种亲缘关系吗?

那天,记住了很多鲁敏说的话。她说:人生充满悖论,但悖论是我们的养分;她说:这种微妙得像微风一样的东西,就是人和人之间最大的奥秘呈现;她说:我们都是有小问题的,没有关系,我们大家一起来度过这难以度过的生活。

那天,她把自己和盘托出,与最真实的灵魂照面,就如她写的:"所迈出的每一步,坏的或是不那么坏的,都像是走在刀锋上——蛮荒、锐利,没有一丝怜悯。"

### 第三幕:不散

"虚妄女"郑重地在"真实男"递过来的《我以虚妄为业》扉页上写下——敬赠肖总:有您的真实,才有我的虚妄。

"真实男"在"虚妄女"的启发下,灵感如泉涌,这时,他和陈杰总编畅谈未来的种种美好的合作前景,关于邀更多省内外作家来,关于在纯文学和大众之间架一座完美的桥梁,关于让书香在这片土地飘散等,虚虚实实之间,他俩竟然像小孩子一样拉勾发誓了……

还有很多怀着真实与虚妄之问来的读者,他们踊跃地问关于读书和写作的话题,鲁敏真诚地答,快人快语,时而智慧深刻,时而俏皮幽默。

美丽的单淑娅是一名留学英国的平面设计师,回郑州工作才一个多月。她问鲁敏的读书口味以及为什么会推出这样一部剖析灵魂的散文集。

鲁敏感叹,有这么时尚美丽的读者,让人喜悦。她回答,如果疲劳的时候,会读一些容易读的书;如果有专门的时间阅读,会读一些有难度的书,提升自己。谈到为何出这么一本散文集,鲁敏幽默地说,写了近20年小说,"骗"读者了很久,是时候坦白自己了。

他是来自江苏扬州的宰森和,一名在校大学生,忠实的"风花粉"。还在中原风读书会酝酿之初,他就积极报名，提出自己的想法和建议。这一次，他为江苏老乡鲁敏而来。他说，阅读能强化一个人的精神体验，能开阔人的视野。在这个信息爆炸的时代，我们如何选择好书？

鲁敏说，我也常常有这样的困惑。我的经验是，找一个值得信任的荐书渠道，或者找一个信赖的作家，看他们推荐的书。

带着微笑看年轻的读者、写作者提问，若有所思地听鲁敏作答的肖总说："这一次，我只想聆听，了解你们的想法。"可是，他还是被主持人碎碎邀请上去。于是他说："一、'小说家的散文'丛书，我觉得策划非常好，作家在书中直接呈现真实的自己，让读者对他们的情感和思想有更深的了解。二、因为我是媒体人，一直写新闻报道，所以应该说，我以真实为生。但到了人生的某一个阶段，我也许会慢慢地转向虚妄，我想应该是一种更高境界的对人生的观照。三、今天来到纸的时代书店，看到这么美的环境，这么多爱书人在这里认真地读书，觉得很感动，为我们的省会郑州有这么好的书香氛围喝彩。"

若鲁敏是"虚妄女",《河南日报》肖总就是"真实男"。

4月26日午后,读书沙龙现场还有许许多多真实的、虚妄的男生女生,我们的读书之约不会散场。

# 能够坐下来聊，这是我们的缘

主题：《中原风》三岁生日
召集：冻凤秋、汪佳
摄影：张大勇
时间：2015年5月23日（周六）10:00
地点：郑州知空间画廊

那天，给汪佳打电话，我说起2015年5月23日是《河南日报》副刊《中原风》三岁生日，她惊呼，那天也是我的生日。于是，一个小聚的想法在心头萌生。

汪佳是我本家侄女颜红的好友。第一期中原风读书会举办前，她联系到我，说想来参加。1月18号那天，她早早到了，帮着录音。第二期读书会，她来，静静地聆听。第三期读书会，她遗憾地没能来。那段时间，她忙着筹备"发光的声音——刘冠辰当代艺术展"。娇小美丽的她独自撑起一间画廊，又把展览开幕式做得有声有色。那段时间，我也一直忙碌，所以没能去看画展，心里一直牵挂着这件事。

前一日，在中原风读书会群里发出了聚会的召唤。那一天是周五，报社有急活儿，一直忙碌到很晚。下班途中，经过一间本地有名的酒吧，红酒、香槟、鲜花、展台都摆到了外面，不少人在围观。走近才知道，酒吧在做三周年庆祝活动。我暗想，都是三周年呢，只是一个喧哗，一个安静。

## 聊·欢喜自生

天下收藏文化街也是安静的。每一家店都静静的，不动声色，却都是大有故事的。汪佳的知空间画廊在北区负一层，更显得空旷。

画廊本身不大，12个人坐下来，那感觉是恰好的。

茶桌上摆着水果点心，汪佳还在读大学的表妹为我们沏茶倒水。

我们坐着，随意地聊着，介绍自己，回忆过往。

听迎春姐姐说，她是如何从师范学校毕业当老师，8年后读研，到报社当经济报道记者，又8年后，考取博士，经历种种，到如今从政，她一直听从内心的声音，不断地尝试，从不瞻前顾后，不愿墨守成规。对她来说，人生就是一次旅行，不是要抓住什么，而是经历了什么，看到了什么，感悟了什么，所以她潇洒，丰盈，从容。

听陆静姐姐说，她写诗，写散文，写小说，但什么都不精。她是热情大气、气定神闲的，因为有份她热爱的编辑事业，对她体贴呵护的先生，有才华且懂事的儿子，她不计较，稳稳地把握着属于她的尘世幸福。

听宋云龙先生说，他自小什么活儿都做过，耕地种菜，送过煤球，扛过粮包，挖过土方，学过木匠，当过瓦工，后来出诗集，写民俗风味的小说。他幽默谦逊，儒雅博学。我们听着笑着，在他的话语里轻轻松松就长了见识。

喝茶聊天，人间至乐

听诗人琳子说，她从小沉默封闭，因为在兄弟姐妹里她是最矮的，长得不漂亮，活得不舒展。也因此，她借助文字释放自己，获得飞翔，她写诗，写散文，写童话。她说起10多年前开始画钢笔画的经历，没有任何美术功底的她如何在画纸上表达自己对世界的认知。如今，她的钢笔画自成一派，别具魅力。她说起20多年的教书生涯如何磨炼了她的耐心，她说起父亲的病痛，说起生活的点滴。那一刻，她是开放的，轻松的，她是那个拥有魔法的女子。

听文平姐姐说,她当年怎样坚持报考河南农大的植物保护专业,曾经失落过,终究无悔最初的选择。她是花儿,花儿是她。你指着任何一种花草问她,她都如数家珍。郑州的每一个公园她都熟悉,她的人生与花草结下了太深的缘分。因此,她的诗歌有种天然的草木香。她的文字里更有中年女子的感悟和疼痛。深情如她,爱家,爱先生,把自己低到尘埃里,她一身泥土,却清白无瑕。

听汪佳说,她从艺术学校毕业后,到美术馆工作,然后自己开了画廊。为了心中的梦想,她一直在努力。这天,28岁的她,如初夏荷花般秀美脱俗。

听张大勇说,他从武汉大学新闻系毕业后,到河南音像出版社工作,一直热爱摄影,喜欢独自在路上,行行摄摄。

听李颜垒说,他和爷爷、父亲一起出书,他写青春美文,长辈写民俗故事,他们心中都有一份对文化的热爱。

听春秋说她热爱的艺术设计，她喜欢的健身操、肚皮舞。如今，她为大河婚典忙碌着，穿梭在各种梦幻般的婚礼现场，越发能干，更加俏丽。

听杨呈霞说她多么用心编辑报纸副刊版面，那一刻，她聪慧的儿子在她身边写写画画……

我也说起自己，这才发现，其实常常忘了介绍自己。我的经历如此简单，但我的内心有种热情。因为热情，简单，梦才可以一直做下去。我发起中原风读书会的初衷也只是想和志趣相投的朋友聊聊文学，谈谈人生。这一刻，喜悦在心底升腾。

## 画·颠覆思索

艺术家、高校教师刘冠辰来为我们讲解他的画作。他的画，初看是怪异的，张扬的，极富冲击力的线条一下子能把人看晕了。

但他一幅幅地讲解下来，让人有种豁然开朗的感觉。原来看似神秘莫测的造型背后都隐含着艺术家对

当时一个人支撑画廊的汪佳，后来嫁给晋家钧瓷的晋文荣，美满幸福

世间万象的思索。或是反思我们的生存环境，或是反省世态人心，或是思索扭曲的某种价值观。

那些颇具后现代的艺术手法也是将传统文化和波普艺术融合。艺术的力量就在于不断地创新吧。

## 瓷·中原瑰宝

不经意间走进晋家钧窑，店主竟然是晋佩章的孙子。晋佩章何许人也？首届中国陶瓷艺术大师、工艺美术终身成就奖获得者、美国国家艺术研究院终身荣誉院士。大师虽已去世，他留下的钧瓷精品却在这间并不起眼的店铺里，等待有缘人。

午后时光，我们一起去了附近的信阳菜馆，像一家人一样，吃着家常菜，聊着身边事，一起为中原风、为汪佳庆祝生日。

分别后，大家意犹未尽地在网上分享着照片、心情。

我想，今后，会有更多这样的小聚，在清净的地方，让我们认真聆听彼此的心声。

# 不要你捧，不要你哄，只要你懂

主题：童书，会响的影子

主讲：孟宪明

嘉宾：古明惠

主持：冻凤秋

摄影：张大勇、陈乐雅

时间：2015 年 5 月 30 日（周六）15：30

地点：郑州锐普书房

关于孩子，我们常常认为只要有爱就够了。

结果，不是爱得过火，成了溺爱，就是居高临下，得闲施舍，以求耳根清净。

我们也学了这样那样的教育理念，东抓一句，西捞几段，自以为得了真理。

"六一"儿童节前后，活动多彩缤纷，连街头一家烩面馆都打出了儿童吃烩面优惠的大幅招牌。

可是，有谁是真正站在孩子的立场上，懂得孩子的心？

5月30日下午，骄阳似火，我站在郑东新区锐普书房门前的台阶上，等他。

身后，大幅海报上，写着这期中原风读书会的主题——童书，会响的影子。

我并不懂这句话的真正含义。我略微忐忑地，等着河南省儿童学会会长孟宪明从西郊赶来，解开这个谜。

穿着普通的布衫，悄无声息地，他就站在了我面前。

跟他一起来的，还有两个人，从他的老家开封杞县赶到，他们是他儿时的伙伴儿。

经过一面书墙，经过一架古琴，经过高高的吧椅，经过崭新的书架，到分享区，他在藤椅上坐下，他的伙伴儿转眼没了影儿。

一开口，便是鲜活的故事，一个接着一个，故事中有道理，道理连接着故事。如坐过山车般，听者跟着他时而捧腹大笑，时而陷入沉思。

仿佛永远也讲不完，怎么也听不厌。

他说，说影子会响，很多人难以想象。但在儿童的世界里，影子是普遍会响的。孩子的想象力很丰富，每个孩子都是神仙，一群孩子在一起玩耍就是神仙开会，他们说的话大人往往听不懂。"神仙本无事，闲看桂花落"，孩子们不管吃饭穿衣，不管功名利禄这些俗事，他们只管玩。儿童文学就是写人的神性，儿童文学作家就是要站在孩子的立场上，保护孩子，鼓励孩子玩耍。

他说，儿童时期就是埋种子的。我跟很多知名作家交流，发现他们都曾在儿时遇到一本能带给他们启迪的童书，这些书滋养着他们，启发着他们，让写作的种子在心里发芽生长。

孟宪明自己心里埋的种子就是讲故事。年少时，在乡村，大人很少管束，从日出到日落的时间很长，如果不说话，院子里就只有鸡叫声。对孩子来说，那么空旷的时光里若没有声音，是很难忍受的。于是求奶奶讲故事，然后追着要给奶奶编故事，给伙伴儿讲故事，这就培养了一个孩子的语言能力和想象力。

他说，我看到现在的孩子那么忙，放学后还要上这个培训班，那个特长班，很多孩子的眼睛早早地近视了，他们没有时间尽情地玩耍，内心其实很孤单。想到这些，我就很难过。

19年前，孟宪明开始写长篇小说《双筒望远镜》，他的读者是他的儿子，一名小学四年级的学生。这名小学生读了，很喜欢，就让他的同学读，这位因为家境问题而时常郁郁寡欢的同学读完小说，竟然笑了。如今，这名小学生已经读到博士，他对父亲说，你的儿童文学能治病。

他说，要让孩子爱上阅读，就不要强迫他们读书，只需要暗示，给他们多种选择，让他们自己遇到能带给他们营养的书籍。如果一本书让孩子变得安宁，就让他去看；如果一本书，让孩子感动落泪，就让他去看。安宁是内心的美好，眼泪是深刻的欢乐，这都很难得。

美丽知性的她坐在旁边认真地听着。作为大学教授、儿童文学评论家，嘉宾古明惠懂得孟宪明的作品，懂得儿童文学，了解儿童教育。她一开口，便都是不一样的清晰明澈的见解。

她说，儿童文学是给人生打底色的文学，要把最优秀的、最精良的、最美的东西给孩子，这会给他的人生带来非常深远的影响。

她说，因为孟宪明老师有很深的生活根基，对民俗学、民间文学有深入的研究，收集了大量的民间歌谣、童话故事，所以他才能写出那么多有生命力的作品。真正优秀的儿童文学一定是老少皆宜的，既能给成年人以内心的感触，又能给孩子带来欢乐。

她说，我经常给学生讲，怎么样对待儿童呢？不要有优越感，不要居高临下，如教育家陶行知所说，"不要你捧，不要你哄，只要你懂"。只有懂得，才能走进他心里，和他们交朋友，告诉他们读什么，才能和他们一起读。

孟宪明不仅是优秀的儿童文学作家，更是知名度很高的剧作家。根据他的作品改编的电影、电视剧获得很多大奖。电影《念书的孩子》曾在美国圣地亚哥国际儿童电影节上荣获最佳影片奖，好评如潮。留守儿童开开的故事让很多读者潸然泪下，同时又引发人们对这一群体的诸多关注。

她问他，如何在文学与影视剧之间自如转换？他说，电影起源于哑剧，所以话语越少越好。仿佛剪纸，电影是一张越剪越大的纸。写电视剧本，对话则特别重要。而文学帮我们发现生活的传奇感和深埋在传奇感下面的人间真情。一部好的文学作品长起了一座山，挡住了一条路，告诉后人要换个地方过。但无论何种艺术形式，有一点是相通的，那就是真情实感和生动的故事。

一个发散，孟宪明老师说出的话鲜活，如炒豆，欢喜跳跃；一个严密，古明惠老师讲的道理清澈，如小船，顺水漂流。

于是，在儿童文学的花园里，他们从不同的角度寻找会响的影子。

于是，热心读者的问题，奇妙地有了两个答案。

知名电台主持人张明说自己一直想为孩子们做些事,目前正计划打造一些优秀的儿童舞台剧。

他迫不及待地接过话筒说,我很有兴趣参与,为孩子们写舞台剧本。我一直有一个梦想,就是有一个儿童剧院,专门为孩子们上演好看的剧目,并让他们参与演出。

她理智地分析,孩子们喜欢儿童剧,他们参与进去,常常分不清现实和表演,因为他们本身的日常生活就是在戏剧里的状态。做得好,每一场儿童剧都会是一次嘉年华般的狂欢。

小学教师赵娜问,阅读本身是一种享受,但是当我们把它作为任务布置给孩子时,让他们把好的段落、句子等摘抄下来时,孩子就觉得痛苦,这怎么办?我的孩子8岁多,痴迷漫画,怎么样更好地引导孩子?

他回答:读书千万别给孩子派任务,容易让孩子反感。可以通过暗示。文学就是靠暗示来让孩子完成对社会人生的认识。暗示的好处就是让读者以为是他自己发现的哲理真相,没有人教他。

他曾这样引导孩子：冬天的夜晚，我带孩子到苹果园里。先让他观察星星，最亮的什么样，暗淡的什么样，星星的颜色一样吗？夜很黑，苹果树怎么黑的，脚下的河堤怎么黑的？风吹来，吹动树梢，吹动头发，是一样的响声吗？走在同一块田地，冬天的脚感和夏天一样吗？……这也是一种阅读，孩子轻易地爱上这种阅读，轻松地写下感受，就成了出色的作文。

她说：一个时代有一个时代的文学。在这个读图时代，不能阻拦孩子看动漫，只有引导。比如看后让他们尝试表述故事，尝试画出形象，逐渐引导他们由视觉转向文本。

读者段雪婷质疑童话中的暴力因素和大团圆的写作套路；专程从上海赶来参加读书会的出版社编辑秀平谈到儿童文学的恶搞问题；高校教师薛玲霞问孩子多大年龄读四大名著等经典更合适；10岁孩子的父亲张云高希望推荐适合孩子朗读的书。

很多很多实际的、迫切需要解决的问题，都在嘴边，都在心里。

这一刻，在孟老师身边，我们都像是孩子

她谈得深入，涉及儿童文学的本源和分级阅读；他从自身创作出发，说到保持内心的安宁和了解文学的真谛。

永远也说不完的话题，永远也听不够的故事。关于孩子，如何写作，如何阅读，如何教育，困惑一直比答案多。

不要你捧,不要你哄,只要你懂。耳边一直响着这句话。

夕阳西下,洒下满地余晖。落日的影子发出巨大的响声,于是黑夜来临。

夜灯下,和两位老师告别。

我想,若能在瓜棚下,点着星光,听孟宪明讲故事,几天几夜也讲不完、听不厌,那种美妙的感觉就是会响的影子,会让大人的心变软,眼神变清澈,我们就这样被影响了。

那样的时刻,我们会懂得孩子,看到内心的神性。

# 端午时节,在古雅的文字里看草见花

主题:芳菲已满襟——以草木情怀过闲雅生活

主讲:舒飞廉

嘉宾:何频

主持:冻凤秋

摄影:张大勇、谢丛蔓

时间:2015年6月13日(周六)15:00

地点:郑州大摩纸的时代书店

母亲低着头,把长长的五色线拧成股,小心翼翼地绕在我的手腕上,打上结,剪去多余的线。然后,声音温和但神情庄重地说,可不敢去掉,也不能弄湿,不然五色线会变成小花蛇。

我又是兴奋又是忐忑，点点头，然后一蹦一跳地走了。我找到小桶，跟在大人身后去河边。晨曦初绽，沿着蜿蜒的小路，穿过湿湿凉凉的芦苇丛，脚一踩在松松软软的沙子上，人就飞奔起来，欢笑着扑到河流的怀里，掬一捧水，把小脸埋进去，痛痛快快洗把脸。接着，在桶里盛满水，心满意足地提着回家了。这一天，洗手做饭都要用这清晨的河水，不怕毒虫也没有邪气了。

这是我记忆中的端午，还有很多情节，比如挂艾叶、佩香囊、包粽子、点雄黄等，久远的文化传统。

那是属于农耕文明的传统。

这传统如今还在继续，只是或多或少走了样。那些保留下来的习俗，需要准备的东西往往有商家帮我们准备好，比我们自己所能想象的更精致。于是，心中的那份期待更多的是因为假期，可以外出游玩。暂时摆脱繁忙的工作，在山山水水间徜徉，成为大部分节日的主题。

很难有彻底的放松和休闲，因为时间短暂，因为游人众多，因为心底有这样那样的挂碍，在微信朋友圈里晒一晒，还要心念着点赞和评价。

我们和草木的关系到底有多远？到底怎样对待自然的态度才能让我们不再焦虑？那在心底不断荡漾的乡愁如何安放？

6月13日，仲夏，骄阳。郑州大摩纸的时代书店，绿意葱茏，一派园林情致，人们安静地捧着书。

作家舒飞廉从位于武昌桂子山的华中师范大学来，一身的山水草木气息。

多年前就听闻他的大名，那时他是《今古传奇·武侠版》的主编，携众位当红武侠作家，开创大陆新武侠格局；后来，他转到天涯论坛，连载《飞廉的村庄》，记述家乡湖北孝感的风土人情，乡下的树，村中的花，有留恋，有怅惘，有怀念，有反思，触动都市中人的心绪，最终以《草木一村》为书名结集出版，畅销一时。在苏州大学读博士毕业后，他回到母校教书，研究大众文化，仍然写小说，还在国内知名报纸副刊开设《风土记》专栏，继续以都市人的目光回望故乡。

在他心里，很想进一步了解故乡一草一木的前世今生。他追问：那些田野与村巷中的五谷、野草、树木，

珞珈山的花遇到了桂子山的两棵草

是否也如同我们的先辈一样，或土著，或流离，先后扎根在村庄之中？于是，他接受了中州古籍出版社的邀请，到时光深处化缘，在浩如烟海的古代典籍中编选歌咏植物的小品文，在《芳菲已满襟——草木小品赏读》中，草木本身的美浸润到文字里，传统文化的底蕴、古人的情致和生活态度流淌在篇章中。

那一天，在《河南日报》中原风读书会上，他从我们的祖先与自然的关系探究起，带读者一起去了解曾经的田园生活是什么样。山林、田野、菜圃，那里面曾藏着古人关于神灵的想象，更多的则是"衣则麻桑，食则麦菽，茹则蔬果，林则竹木"的亲密无间的实用态度。随着经济发展，到唐宋时期，园林兴盛，园林景观和文学艺术结合，人们对自然的态度是审美的，草木是供人观赏的。在文学中，从《诗经》《楚辞》起，人们在文字里借草木抒怀，若不识草木之名，便无法兴观群怨。这种"草木思维"延续千载。如今，在现代化的进程中，乡村巨变，一代代人离开土地，迁居城市。人们在文学作品中表达着难以释怀的乡愁。

他设想，未来，我们应该拥有一种"林园生活"。在林园里，人们和草木是一种对话的关系。草木在林园获得一种主体性，它们自然生长，并不是为了人类的实用或观赏而存在。它们有自己的来历，有独特的在世间的际遇。人们应当静下心来，了解它们的前世今生，如此，才能了解自身的来历，使精神获得成长。

应邀和他对话的是长者何频。有意思的是，何频

1982年毕业于华中师范大学,正是舒飞廉的学兄,如今两人同时在报纸副刊开设草木专栏。这位居住在郑州的散文作家和文化学者,低调谦和。他在热闹的都市中追求和而不同的生活态度和境界。他的生活不是梭罗式的隐居,也非旧时文人的隐逸,不是远离尘嚣寻找一个形式上的清静之地独处。他每天和上班族一样忙于日常事务,却利用一切机会亲近并仔细观察身边的草木,每日和草木对话,记录心得体会,兴之所至,随手画上几笔,逸趣横生。

他继承古人的笔记传统,为草木立传。他行走,走在时间里,观察花草四季晨夕的变化;他行走,走在中原大地,走向海角天边,追寻草木的足迹。草木是他的家人、朋友,他也由此参悟了世道人心,生命真谛。

他的《看草》和《杂花生树:寻访古代的草木圣贤》先后被评为年度"中国最美的书"。今年,他又推出了随笔集《见花》。

他说起自己的写作缘起,说起对草木的珍爱,说起每日的生活,说起读过的西方自然文学作品和中国的草木典籍，浩繁的阅读量让读者惊叹。他拿出厚厚的笔记本，那上面是与草木有关的剪报资料和密密麻麻的笔记，更让人叹服。

他说，读书很重要，读过这些中外经典，才知道每棵树、每朵花的谱系，在自然中的位置，在文学中的意味，以此为基础，行走，观察，才能真正读懂自然，才谈得上与草木"对话"。这种对话是深层次的：读懂了草木的历史，也就读懂了人类的变迁；明了草木的情状，也就读懂了自己的内心。

一个回忆和设想，充满浪漫情怀；一个观察和行走，拥有实证精神，对自然和传统文化的热爱却是一致的。

在古雅的文字里看花见草，让他们拥有了一份从容闲雅的心境。

那一天，来读书会的爱书人中有白发苍苍的老者，也有青春朝气的在校大学生，大家一起听着，然后讲述各自的感受。

诗人王文平说自己钟爱花木，断断续续写了100多首关于各种花的诗，聆听了主讲嘉宾的对话，更坚定了细细观察每一种花,为它们写诗寄情的信心。作家、大学客座教授颜华写下一首诗表达自己的心情:"午后骄阳似火熏,纸的时代迎客宾。文人雅士欢颜聚,把酒品茗抒怀亲。'看草'言芳明月意,思林慕野故园心。书香暗涌人归晚,喜看'芳菲已满襟'。"从安阳赶来的读者刘娜说起自己种植花木的经验和不惑之年的人生感悟;从焦作来的读者陈战东谈起最初给《河南日报》副刊《中原风》投稿的心情和文章发表后的喜悦,并与两位作家探讨如何在写作之路上走得更远……

他们的真诚让我感动。我想,生活再烦乱,至少这样的相聚,至少这样的时刻,我们的内心喜悦且宁静。

那一天,我谈到自己童年时,在自家院子里遮天蔽日的大槐树下看书。下雨时,雨滴落在树叶上,我安然地坐着,一点儿也不担心被淋湿。想起在《芳菲已满襟——草木小品赏读》中,看到《南柯太守传》的节选,主人公在大槐树下做了一个神游蚁国的繁华梦。舒飞廉在注解中讲到从古至今一些作品中关于槐树的记述,讲到槐树的神奇功用。我忽然意识到,童年的我大概也在槐树下做了很多的美梦。那梦清明凉爽,是怎样滋养了我的心!

"五月仲夏:清夏堂观鱼、听莺亭摘瓜、安闲堂解粽、重午节泛蒲家宴、烟波观碧芦……"若能带着闲雅的心境走过四季,虔诚地度过每一个传统节日,诗意的生活还会远吗?

# 当《信球》遇上《野狐禅》

主题：作家的书画

主讲：张宇、冯杰

主持：王守国

摄影：邓放

时间：2015年7月17日（周五）15:00

地点：河南省新华书店整体书房

敢于自嘲者有大智慧。

反观我们文化界人士日渐脆弱的内心，听不得任何批评的言辞，因而才会出现让人啼笑皆非的"砸电脑"闹剧。

能够跨界者有大视野。

现代文明让各个领域的分工越来越细，这样那样的专家在各自狭窄的领域内精耕细作，作家不会琴棋书画是再平常不过的事，会，倒奇了。

于是，当"作家的书画"之张宇的书法集《信球》遇上冯杰的书画集《野狐禅》，就引来一场重量级的跨界聚会。

## 一

7月17日午后，走进位于郑州市经开区的河南省新华书店整体书房，一股清凉的气息携着书香扑面而来，我们像是汇入了书的海洋，又像是梦游般闯入了一座古雅的城堡。

世界在这里是暖橘色的灯光，开阔，优雅，且宁静。早到的先生们在光的深处坐着喝茶聊天。

我们在曲径通幽的空间穿梭，不同的书房，别样的风格，让人顿生时空穿越的感觉。

时空真的穿越了。

不然，那一日，在读书会现场，为什么会看到年过八旬的南丁先生，鹤发童颜，用清朗的声音回忆起30年前首次为张宇作品开研讨会时的往事？那时，张宇年过而立，在河南文坛崭露头角，那时，南丁先生正值盛年，扛起文学豫军的大旗。那时参与研讨会的人很多都已不在了，文学的河流依然水花飞溅。他说，张宇已经从聪明走向智慧，从对生活的轻拉浅唱进入一种敢于自嘲的境界。而冯杰，从最初看他的诗集《一窗晚雪》，就觉得首首都是精品。两位都是有根的作家。

不然，那一日，河南省文联副主席邵丽为什么那么动情，甚至有些语无伦次？她说，南丁是张宇的老师，张宇是我的老师，我们算是三代作家。我的这个老师并没有教我怎么写作，也没有亲自给我改文章，帮我分析优缺点，但他给我了自信心。他看似漫不经心地看我的小说，漫不经心地评论，却总是在不经意间以言语或行动给我输入满满的自信。

不然，那一日，河南省作协秘书长乔叶为什么不惜调侃自己？她在两位老兄的新书中看到他们对生活惊喜

大咖云集,一场跨界的聚会

的发现和智慧的表达,羡慕他们玩出了品位和诗意;羡慕他们才华横溢所以跨界到艺术的天地,抵达心灵的自由;赞美两本书精致的装帧设计,以至于冯杰《野狐禅》中附页的"猫头鹰"印刷品被她当成了真画拿去装裱。

　　文学的河流,从来都是情感的河流。一代代,这情感的酒酿,醇美醉人。

哄自己玩的张宇，像是一棵黑槐树，就要旁逸斜出，歪着长

## 二

近旁，一条叫书画的河，幽深幽深，铁马冰河入梦来。

那一日，却不见铁马冰河，晴天丽日，只有古风悠悠。

那风，应是从史前的彩陶花纹吹来的。画家、原河

敢于自嘲的"冯插图",独具冷眼、野趣和禅意

南省书画院院长曹新林鼓励打开眼界,打破惯性思维,大胆地去跨界。他甚至说,笔墨功夫如果离开了思想性、精神性,离开了自己内心的情感和底蕴,我觉得也没多大意义。

那风，可能跨山越海而来。书法家、河南省书协副主席李强以专业书家的眼光说，目前日本、韩国的书法有很多种类，书法家也分不同的层次。我们专业书法家干的是拼命往深处去的工作，这个工作没有一定时间是体会不到里面的妙处的，但是如今谁有那么多的时间来钻研？所以我赞赏书法爱好者以趣味的形式来接触这种高深的、神圣的艺术。我甚至鼓励你们举起"作家书法"的旗帜，这么多作家，都可以从个性上寻找自己的位置，不求法度，但求表情、情绪、情感。你们的创意反过来也会启发我们的专业书写。

那风，带着暖意。书法家、河南省书协副主席兼秘书长谢安钧说，实际上，练习书法就是继承我们汉字的传统，用一种抒情的表现形式来进行艺术上的表达。我们欢迎文人、大作家用书写的形式表现传统文化，我们书协今后也愿意做好各项服务工作。

那风，也带着锋芒。两度荣获中国书法"兰亭奖"的吴行坦率地说，张宇的书法中有很多不合规矩的书写，不是自然书写的状态，我基本看不懂，我也认为写得不好。他不是在写字，他是用笔墨在诉说自己的心路历程。但冯杰的《野狐禅》，以专业人的眼光来看，是不得了的。一个作家，一个诗人来画画，写书法，都能写得像模像样。法度把握得很准确，这在作家当中是不多见的，我觉得很生敬畏。

## 三

那一天，见到很多陌生又熟悉的面孔，听到很多睿智的发言或致辞。

想起大地传媒总编辑耿相新说的，"跨界""融合"正是我们这个时代的特征，只有把握这一特征，才能把出版做得更专业；想起《河南日报》文体部主任张鲜明说的，这种读书与沙龙相结合的形式值得进一步探索，而他本身就是在摄影和诗歌等领域跨界的高手；想起河南省新华书店发行集团副总经理张勇现场朗诵的激情澎湃的诗词；想起河南美术出版社副总编许华伟提出的"艺术生活化，生活艺术化"的理念。

想起《大河报》总编辑杨青说的,进入"互联网+"时代,我们不仅要有融入互联网的态度,还要有额外的技能。张宇、冯杰是在做艺术上的加法,我从他们身上能够看到一种不断探索的激情和能力,这也是我们新闻工作者需要学习的。

每个人都在各自的领域进行着尝试、探索,都在跨界中创造精彩。

包括一直静静聆听的出版界大腕——美丽能干的林疆燕、亲切随和的李文平。

还有一开口就显出智慧的南丁夫人张颖和文雅的张宇夫人、资深编辑陈静以及"90后"作家张笑尘。

终于等到主角开口。

在诗文中构建了"北中原"城堡的冯杰幽默地说,我为什么画画?我画画没有什么更深入的目的,主要是为了给自己的书插图。我也没有专业老师指导,没有上过大学,学画是很荒唐的,大家都想不到。我当时跟我父亲在一个营业所,看到信封上面的邮票,是齐白石的画,我把邮票剪下来贴到纸上,然后慢慢临摹，我就是这样画画的。我画得这么小，就是受我当初学画邮票的影响。画画的颜料也很荒唐，有洗发水，有山西老陈醋，还有的是用过期咖啡画的。其中纸张也比较不靠谱，有信封，有电话费单据，还有说明书、罚款单等。所以大家说我画得不好，我也不会砸你的电脑。

在小说里不断再现豫西风情的张宇坦率地说，我就为了玩。作家嘛，正事还是写小说，在写小说的闲暇，也练练书法，想写慢就写慢，想写快就写快。后来我给自己总结一下，年纪渐长，不愿意出去应酬，内心也挺寂寞的，通过书法可以自己哄着自己玩，生活总要过下去。

## 四

那一日，现场的每一个人都在主持人王守国的眼里、心里。

他看似随意地点到这个那个，却都是有趣且犀利的评价。

他点评《莽原》杂志社副主编安琪的发言，说不愧是张宇的大弟子，能把浓浓的诗情画意表达得土得掉渣。

他评点文学博士任瑜的发言，笑说谢有顺的博士也不过如此嘛。

他介绍青青时对她的《落红记》高度赞赏，甚至用了最好二字。

他点我发言，说文采飞扬，但过于内秀。还有特邀嘉宾张风雷、李红，都是书画、设计领域的专家。

年轻编辑李娟落落大方的介绍，张瑞芳的深情朗诵等犹在耳边。

他也自嘲只想听赞誉，所以是小聪明。

三个小时的时间嘀嘀嗒嗒，却感觉不到流逝。

王守国先生随口吟诵起龚自珍的一首诗：游山五岳东道主，拥书百城南面王。万人丛中一握手，使我衣袖三年香。他说，这首诗就像是为今天的雅聚写的，这期读书会真是轻松、愉悦又深刻、丰富。

结束时,中原风读书会的横幅首次被高高地举起,在我们的头顶轻飘,周围洋溢着浓浓的书香画意,心里生出想要提笔涂涂抹抹的念头。

自嘲的智慧,跨界的勇气,你有吗?

# 归来,家乡的目光照亮"黑白男女"

主题:由来已久的心愿

主讲:刘庆邦

主持:董林

摄影:邓放

时间:2015年8月11日(周二)上午10:00

地点:郑州郑煤集团公司总部东塔309会议室

一

朴素,温暖,安静。

一回到家乡,刘庆邦就被旧日煤矿的朋友们围绕着,几十年的情谊,绵长细密。

就那么不紧不慢地说着，在耳语里，在笑谈里，在杯酒人生里。

他的神情惬意、安然，让人觉得，他携最新长篇小说《黑白男女》归来，也只不过是为这相聚找一个借口，为这份深情寻一个寄托。

11日上午的中原风读书会，也像是一个新老朋友的大聚会。

就那么以新书为名坐下来，谈谈心里的感受，那些可能从没有机会说出的话，在这样比肩而坐的时刻，在相视而笑的瞬间，轻轻地就流淌出来。

河南日报报业集团党委书记、董事长、社长赵铁军推掉了繁忙的事务，专程赶来，代表主办方致辞，并从头到尾专注地聆听、记录。

他说，我和庆邦先生虽然是沈丘老乡，但这是初次见面。我们都是在豫东大平原上成长起来的，所以读他的作品有种天然的亲近感，觉得朴实、亲切、自然，那些鲜活的人物语言和生动的乡村生活细节如在眼前，常常唤起我对家乡的美好回忆，引起我的共鸣。每遇

陈乐雅设计的海报,她一路相伴协助,直到本科毕业后回到南京

到庆邦先生的新作发表,我都迫不及待地找来,总想一睹为快。读到会心处,常常悄然一笑,拍案叫绝;读到精彩的地方,怦然心动,眼眶发热,恨不能立刻给庆邦先生拨通电话,做一次心灵的沟通。他说,庆

邦先生的作品对我是非常好的营养剂，就像家乡的水和粮食一样。

他评价，这么多年来，庆邦先生一直专注于现实主义创作，在与时代同步的同时向生活的深处挖掘。他关注工业化、城镇化、市场化这一时代转型期社会底层老百姓的生存状态，他的笔下一半是煤矿，一半是乡土。可以说，他的写作是对河南小人物的总体绘像，也是对新时期中国农民、社会底层人物的真实生动的绘像。他的书写真挚、真实，充满了真情，同时充满了智慧，通透，明亮。因为有这种真，字里行间充满着大爱和大善，即便那些现实的、酷烈的小说也能让人看到他悲悯的情怀。而那些描写乡土的诗意化写作，更是达到很高的审美境界。读他的作品，内心会受到洗礼。

拿到刘庆邦的长篇新作《黑白男女》后，他一口气读完，对作者更加敬重、佩服。他说，这部关注死难矿工家属生活和情感状态的小说，是他经过多年的酝酿和扎扎实实地深入矿区生活之后完成的，从中可以看出他作为一个卓有成就的小说家的情怀、境界和追求。

那一刻，他是一个认真的读者，一个智慧的评论家。

1970年，19岁的刘庆邦被招工到新密煤矿，他当过矿工，下过煤窑，因为写得一手好文章被调到矿务局当宣传干事，在矿上工作了9年。当天，受郑煤集团公司党委书记、董事长王连海的委托，郑煤集团公司党委副书记部振国在致辞中说，刘庆邦是从郑煤集团走出去的作家，是我们的荣耀。在他的眼中，《黑白男女》诠释了"安全第一"的深刻内涵，告诫他们煤业人要时时刻刻把安全工作做好。

读书会上，一个从上海来的美丽女子令大家眼前一亮。她娓娓道来和刘庆邦的数次相见。2006年，初见，他挎着一个旧旧的绿色军用帆布包，给她留下深刻印象。此后，不断通信，总让她感受到淡淡的温暖。2013年，看到《人民日报》上发表的小说《清汤面》，她深受感动，飞到北京见他。他骑着一辆带儿童座椅的自行车赶来，朴素得让她惊诧。仅仅半个小时，就谈好了长篇新作《黑白男女》出版事宜。她看着他离开，融入匆忙的人流中，再次被感动。她是上海文艺出版社文学编辑室主任、《小说界》主编谢锦。

## 二

就是这样的刘庆邦,似乎从未改变过。

他安静地、认真地聆听新朋旧友的发言。

听河南日报报业集团编委王自合从社会转型的角度谈到他的作品。同为豫东人的王自合经常回农村老家,目睹如今农村的凋敝、旧日美好东西的消失,他常常感到心疼。而这些美好都能在刘庆邦的小说中找到。

听曾任大平煤矿党委书记的张海洋讲述刘庆邦为创作《黑白男女》深入到矿上体验生活的点滴往事。他动情地讲述了"一盒月饼""一碗羊肉烩面""一张照片"三个小故事。作家用一颗真心对待被采访者,矿难职工家属又以顽强的精神感动着作家,最终成就了一部真挚、动人的作品。

听《河南日报》文体新闻部主任、诗人张鲜明谈读新书后的感受:一是扎实,读这本小说仿佛置身于生活的河流,种种细节让人感同身受,十分信服。二是温暖,就像走在阳光里。三是内蕴的诗意和哲理,让人看到真正的优秀作家的品质。

听大河网总编辑高亢说,刘庆邦的小说不只是具有文学价值,还有历史价值。里面完整保存了豫东乡村的社会风情和文化元素,为我们提供了一份历史的感知和温暖的记忆。

原《中国煤炭报》驻河南记者站站长刘耀平与刘庆邦交往32年,他用"深情、勤奋、向上、向善"四个词形容刘庆邦,并指出正是这些优秀品质,使得作家在文学之路上频频取得佳绩。

## 三

轮到刘庆邦谈自己由来已久的创作心愿。他很早就准备好了5000多字的讲稿,字字句句,都发自肺腑。

但那一刻,他没有念。

他的声音很轻缓。提到1996年采访工难矿工家属时几个埋在心底许久的细节,他的眼睛湿润了。

想起他曾说的:写下一个故事从来不是为完成一部作品,都是为着难以释怀的情感,为着心魂的逼近。

想起他曾说的:有时候我会被自己的作品感动得哭,被眼泪辣得读不下去。人们总希望看到那些浓烈的东西,其实那些浓烈之底隐藏的依然是朴素。

想起他曾说的,豫东平原用粮食,用水,也用树皮和草根养活了我,那里的父老乡亲、河流、田陌、秋天飘飞的芦花和冬季压倒一切的大雪等,都像血液一样,在我记忆的血管里流淌,只要感到血脉的搏动,就记起了那块生我养我的土地。

我们的眼睛也湿润了。

主持人董林有些激动。他说,作家的价值在哪儿?庆邦先生的作品给我们提供了一个答案:只有为人民而歌,为人民书写,才能得到人民的认可。这才是一个作家得到的最高的承认,这比任何的文学奖都重要。

此前,收到担任读书会主持人的邀请,他爽快地答应了,认真地准备。他本是一个才华横溢的诗人。青年时,只要在街头看到文学期刊上有刘庆邦的文章,他一定会买回来认真读。这一次,他在出差途中读完了《黑白男女》,感到温暖、朴素、干净、动人,很多场景在生活中都似曾相识。他热情洋溢地介绍嘉宾,聆听时认真的样子又像个勤奋的学生,以至于现场的朋友会忘了他河南日报报业集团副总编辑的身份。

那一天,在读书会上,有那么一刻,其实大家都忘记了身份。我们谈着,听着,同时在心里问自己:应当读什么样的书?写什么样的文章?做什么样的人?……

## 四

我由此想到曾经有过的疑惑。

明明眼前都是黑,无边的黑暗。

煤井下矿工的身体从里到外也都是黑的。女人如矿灯,照亮他们生存的理由。

灾难在一瞬间降临,死亡由抽象的思考变成具象的悲痛。

失去了至亲，留下来的人如何活下去？

19年前，刘庆邦陷入那哀哀的哭声织成的迷魂阵，再也无法走出。

他曾经写过最酷烈的小说，比如获老舍文学奖的《神木》，他从不回避人性中的善恶较量，以冷静的笔触为小说带来巨大的阐释空间。

他也曾写过最诗意的小说、散文，比如获鲁迅文学奖的短篇小说《鞋》，他敏感细腻的心灵浸润着朴实的乡土之风，那文字带着枣花的清香和星光的明澈，经过了优雅的修炼，浑然天成。

那么，这个工亡矿工家属大悲恸的故事又该如何写？

意外地，扑面而来的一切都是鲜活的，温暖的，带着泥土的芳香和阳光的抚慰，带着自然的诗意，带着情感的热度，给人以希望和力量。

其实，一点也不意外。

在读书会上，看到每个人热切的目光中透出浓浓的

像是一个新老朋友的大聚会。如果刘庆邦先生当年实现了做《河南日报》记者的梦想，如今会是怎样？

情谊。

他就是这样温暖的人，或者说这块土地上成长起来的人都是这么温暖，重情重义。

面对生与死这个人类永恒的话题，作家敢于直面最深的黑暗，同时寻找那温暖人生的光，给人以希望和力量。

归来，家乡的目光照亮了"黑白男女"。

# 真正的天堂，就是读书的模样

主题：背着土地行走的人

主讲：李佩甫

嘉宾：何弘、乔叶

主持：冻凤秋

摄影：张大勇

时间：2015年9月26日（周六）15：00

地点：郑州松社书店

中秋节的前一天，风清气爽。

见到佩甫先生。他精神不错，幽默地说，刚拔了针头，出去遛遛也好。

此前，他的压差过大，低压四十多，高压一百二三，一直在输水。

这是凭借《生命册》获第九届茅盾文学奖后，他接受河南日报中原风读书会邀请，首次与读者面对面交流。

松社书店新址就是原中州影剧院所在地，距省文联不远，这里留存着佩甫先生的很多记忆。

他带着当年看电影和散步的记忆走过层层台阶，走进书店。

一百多名来自省内各地的读者已在等待。

5米长的高台后面，是摆放整齐的黑色书架，灯光从深绿色的吊顶洒下来，一本本书散发着高贵独特的气质。

我看到，佩甫先生的眼睛闪过一丝喜悦和亮光。

更深更远的记忆瞬间被召唤回来。

他侃侃而谈。

特邀嘉宾评论家何弘、作家乔叶坐在他的身边。一个深沉理性，寥寥数语就拨云见日，引人清晰深入地思考；一个机智亲和，聊往事谈感受，都是发自内心的触动。

一

佩甫先生的每一段话都伴随着热情的掌声。那些鲜活的故事和生动的细节喷薄而出,仿佛在一个安静的世界里尘封了很久,这一刻都插上翅膀,在这间书店上空自在飞翔。

很自然地就谈到了读书。

他回忆一个小孩对读书的痴迷,阅读是如何拯救了他。

他说,他出生于一个贫寒的工人家庭,住在大杂院里,周围的同伴从小就会卖些小零碎挣钱贴补家用,他却不会,为此曾非常惭愧。

他唯一的优势是爱读书。从八九岁开始,他就大量地阅读,看到什么就读什么。家里没有书,就去借。

借书还书的过程匆忙而痛苦,阅读的时刻却是最大的快乐和精神享受。

10岁时，他读到第一本外国文学作品《古丽娅的道路》。在那本书里，他品尝到鲜香的"大列巴"的味道，他看到素雅的窗帘、餐桌上干净的桌布。

他还走进一个穿"布拉吉"的女孩儿的世界，懂得什么叫高贵、美丽、纯洁、善良。

最好的生活就该是这个样子吧，最好的爱情也该是这个样子吧。

他从此知道，除了眼前的生活，还有另外的世界。

所以，尽管从小并没有树立远大的志向，没有矢志不渝的文学梦想，处于一直准备着却不知干什么的状态，但他从未放弃丰富驳杂的阅读。

终于有一天，在许昌县新华书店一个小小的书柜后面，李佩甫听到一个人用骄傲的声音说：我有一篇作品要在《河南文艺》发表了。

他一直记得那个人的样子和自己莫名的心动。

后来，在技校学车工，临近毕业，他应景写了一首叫《战洪图》的小诗登在学校黑板报上。在老师的鼓励下，他投稿给杂志，三个月后仍没有回音。

但他就此开始了写作生涯。

也有过铭心刻骨的受挫经历。比如在许昌第二机床厂上班时,收到《河南文艺》要他到郑州去改稿的通知。他踌躇满志地去了,8天改了8稿,最终无功而返。

但第二年,也就是1978年,他接连在该杂志上发表了三部短篇小说,成为文坛闪耀的新星。

他就这样找到了最适合自己性情的事业。在写作中,他和灵魂对话,日渐找到自己的写作领地。

明明他大半生都生活在城市,却在作品里一次次深情书写乡土,甚至把整个平原含在血脉里,抚摸,发问,回望。为什么?

二

是因为童年。

那一天,他说到童年对一个人至关重要的影响。

20世纪60年代初,每个周六下午,年幼的他会背上小书包走很远的路到姥姥家去,为的是吃上四顿饱

看到照片，佩甫先生连声感叹：老了，老了！

饭。其实也吃不饱，不过和表姐一起到地里，拿些红薯玉米，在小土窑里烧得半生不熟，吃得一嘴黑。

眼睛半瞎的姥姥却很会讲故事，那些民间的传说故事和乡村土路上的青纱帐一起，滋养着他的生命，丰富着他的孤独。

而他跟在提着点心匣子的姥爷后面，为了吃上一口亦步亦趋去赶会的情景更在记忆里闪烁。

认真聆听的她们也会找到属于自己的写作领地

那些童年的记忆碎片即便成为风,也是平原上坦荡的风,带着土味儿的风;即便化为雨,也是瓦檐上滴落的雨,带青草香的雨。

这使他清楚地意识到,虽然大半生生活在城市,他的根,却扎在豫中平原。

而隔着距离回望,他更清晰地看到城乡的巨变,他用智慧的目光重新认识再认识这块土地。

那一天,他还讲到很多下乡时的趣事。当知青时,他拼命干活,积极劳动,在62名知青中,收入最高,一年挣了七块,连着吃了好几次小酥肉扣碗。更有意思的是,身高1.78米的他当时想当篮球运动员,为了练轻功,他听别人的建议在桃园里挖了一个土坑,每天在里面练习跳高,练了三个月,长进不大,只好放弃。

往事都是点滴的生活积累和情感积累。

所以,他1999年写了《羊的门》之后,仍觉得意犹未尽。于是,有了《城的灯》。但还不够,他要写一部更开阔的,能够涵盖他心目中平原特质的作品。2007年,他开始写《生命册》。

读书会上,他谈到,《生命册》是他写得最艰难的一部。

开笔写了8万字,仍没找到语言感觉和方向。于是废掉。回到当年下乡的地方住了两个多月,只为寻找一种感觉和记忆。

回来后,他从书房移到卧室面朝东写作,奇怪的是,忽然找到了方向。写下第一句话"我是一粒种子"后,他用了两年半时间,第一次在笔记本电脑上完成了32万字的著作。他长出了一口气,说嫁出去的姑娘,任人评说吧。

在写"平原三部曲"的过程中,他对生活的认识从相对激烈到日渐开阔。

三本书的标题和题记都凝聚着他的哲思。他回忆说,写《羊的门》时,小说快完成了,名字还没有想好。一天晚上,他翻到《圣经·新约》,看到这句话:"我就是门。凡从我进来的,必然得救,并且出入得草吃。盗贼来,无非要偷盗、杀害、毁坏。我来了,是要叫羊得生命,并且得得更丰盛。"一下子找到灵感。

后来写《城的灯》,就顺着这个思路,很容易就定了题目。题记就用了《圣经·新约·启示录》中的话:"那城内又不用日月光照,因为有神的荣耀光照,又有羔羊为城的灯……"

到《生命册》,他走出了原来的思路,完全采用了中原本土的表达方式。因为写的是一个人的精神和心灵成长史,所以他想起早年在泰戈尔《吉檀迦利》中看到的名句："旅客在每一个生人门口敲叩，才能敲到自己的家门；人要在外边到处漂流，最后才能走到最深的内殿。"虽然这句话在他的成名作《红蚂蚱绿蚂蚱》中曾用过，但他特别偏爱这句，仍然以此作为《生命册》的题记。

他写得很苦，时时否定自己，不断有新的思考。他说，下笔之后，就不由自主随着人物往前走。走不动的时候，很痛苦；写到精彩处，灵感从天外飞来，有一种指甲开花的感觉，真的是痛并快乐着。

## 三

从未有过这样的时刻，听佩甫先生讲这么多。接受采访的时候，他不会多说，那时他谨慎细密，惜语如金；开研讨会的时候，他不会多说，那时他思前想后，字斟句酌。日常生活中的他怎样，大部分人都难以了解，似乎是一个遥不可及的谜。读书会上的他敞开心扉，谈笑风生，我们跟着他走过童年、少年、青年、盛年，随着他的读书写作历程一步步追溯，时而欢笑，时而沉思，时而感动。

我曾说，提到李佩甫这个名字，我会觉得心疼。

因为沉重。他是背着土地行走的人，而人与土地的对话注定是沉重的。生活的井挖到深处，是人性的幽微和时代的伤痕，是个体的生存际遇和社会的现代性困境。

因为孤独。他数十年，远离浮华，独坐冷板凳，酿寂为药，甚至把自己熬成药渣，然后用认识的光照亮生活。他苦苦思忖：这片土地上最好的植物能长成什么样？一个瘦削的身影在长长的散步中，人物、事件在他的头脑中酝酿，慢慢发酵。等待某个看似偶然的时机，跃然纸上。

因为悲悯。与其说他在讲故事，刻画人物，不如说他在捕捉某种感觉，整理某种心绪，梳理某种思想。他的写作带着诗意和激情，更有着理想主义的特质和悲悯的情怀。这是缘自大地的一种深沉的悲悯。他是人性的植物学家，什么样的土，长什么样的人，所有的人性,哪怕是邪恶的,也都能在土壤里找到它的种子。贴近大地,似乎都能被包容,被豁免。

我曾把他比作平原上的一棵秋天的树,感慨秋叶飘零如何,硕果累累如何,围观者众如何,他扎根大地,仰望天空,内心笃静。

但这样坐着的时候,觉得什么都不用说,这样一个可亲可敬、有趣睿智的长者,我们只要聆听,只要欢笑就够了。

## 四

又似乎不够。

他静静地听着,一开口便有千钧之力。

第九届茅盾文学奖评委、河南省文学院院长何弘说,评论家实际上就是一个职业的读书人。他的感受是,和以往不同,本届获奖的五部作品,风格上差异比较大。传统意义上的茅盾文学奖比较注重作品对历史等宏大主题的把握,个人化的作品一般不受青睐。这次则不同。

而五部作品中，从思想性和艺术性上来说，最符合茅盾文学奖评选标准、最具代表性的还是《生命册》。

之前很少有作品能涉及如此的生活宽度，也很少有一部作品能达到如此的思想深度。它写出了普通人的恶，揭示了人性中幽暗的一面，并从文化根部来思考一些曾在历史上出现并可能还会在未来出现的极端行为。而作品采用树状结构叙述，每一个人都有一个完整的故事，小说语言考究，富于诗意，是真正高效的艺术表达，好读又耐品。

他由此反问，现在很多小说创作都超不出读者的思想深度，只会编编故事，写写对话，语言也没有美感，这样的作品谁来读呢？

他指出当前很多描写农村风俗的小说，都像是写"农家乐"。而佩甫先生这种生在城市而姥姥家在农村的情况，他的"外子"身份，让他用一种新鲜的眼光看待农村生活，能够"入乎其内，出乎其外"。

谈到"平原三部曲"，何弘的视野格外独特。他说，前两部小说都是表达救赎的主题，这条路其实到后来已经很难走下去了。目前社会面临的很多难题是作家无力解决的。到《生命册》，作家回到中国化的方式，进行深层的思考，这对他的写作来说，开辟了一个新的方向和可能。而且，仅仅把作家的作品放在平原来解读也是狭隘的。不妨放开视野，从更长的时间和更大的空间来看，会有更深的认识。

而河南省作协副主席、作家乔叶一开口便是感觉。她想起博尔赫斯说过的一句话：天堂，就是图书馆的模样。她说，此刻，坐在这里，和朋友们一起，聊聊书，享受一下午的时光，我们像是有同样精神血脉的亲人，仿佛回到 20 世纪 80 年代文学黄金时期的氛围，有一种理想主义的情怀。

她回忆起当年，正是佩甫先生到焦作亲自把她调到河南省文学院，她自此成为专业作家。此后，很多温暖的故事。她经常聆听佩甫先生的教诲，不断成长，是一个有福气的"柴火妞"。

她也从自身的写作、读书经历，谈到作家需要经历大量的阅读、思考和训练，这样写出的作品才自然、耐读。

台下很多熟悉的面庞，大都是新闻界、出版界和文学界的朋友、师长。

也有很多从洛阳、永城、焦作等地来的《中原风》的作者和读者。

《河南日报》文体新闻部主任、诗人张鲜明谈到最初获悉李佩甫捧得大奖时作为媒体人的激动心情，他为河南本土第一个获茅盾文学奖的作家感到骄傲和自豪。

诗人吴元成问佩甫先生今后的创作方向会不会变化。李佩甫说，1985年前后，他经历了最痛苦的阶段，终于找到自己的方向。后来，终于确定"平原"这一写作领地。今后无论写什么，虽然内容不同，但仍然会以这块土地为自己的精神领地，决不会放弃。

散文写作者孙勇问道："佩甫先生今后有没有写散文的打算？"李佩甫谦虚地说今后会写，也许心境会有所不同。其实他的小说中很多篇章拿出来都可以当经典的散文读，里面浓浓的诗意和情怀格外打动人心。

有在校大学生提出大学中文系教育能否培养出作家

的问题。佩甫先生说作家是生长出来的,不是培养出来的。前提是热爱,有悟性,当然深厚的学养会支撑作家在写作之路上走得更远。

我看到很多人都在举手,也不是急于要问什么问题,大概更想谈谈自己的感受。

我看到出版社编辑碎碎坐在台下,想起她在《印象李佩甫》一文里写的:应该正是这种对世俗物质生活的忽略与不在意,才更好地成就了他精神世界与文学成就的丰饶。

那一刻,世俗的纷扰暂时远离了,我们都在寻找让精神的"筷子"竖起来的方法。

那一刻,我只希望时间慢一点,再慢一点,让我们再享受一会儿,这天堂般的美好,这梦幻般珍贵的相聚!

# 七十九年后,鲁迅在人间

主题：人间鲁迅

嘉宾：黄乔生、刘思源

主持：单占生

摄影：张大勇

时间：2015年10月13日（周二）19：00

地点：郑州松社书店

"19日，夜的下半夜，人衰弱到极点了。天将发白时，鲁迅先生就像他平日一样，工作完了，他休息了。"

萧红的《回忆鲁迅先生》记下了鲁迅生前的最后时刻。那是1936年10月19日，距今整整79年。

时光可以让一些人面目全非，也会让一些人愈加清晰。

如今，我们不必仰视，不必神化，更不必带了显微镜去放大个人的缺点，故作惊人之语。

我们要在这满目绚烂的时节，坐在秋凉里，隔着岁月，翻开"鲁迅创作五种"，在名家的指引下，感受真正的"人间鲁迅"。

有谁能比他们更懂得？

黄乔生，刘思源——一个是鲁迅博物馆常务副馆长，一个是鲁迅博物馆文物资料保管部主任。

将近30年，他们用心守护着鲁迅的全部"秘密"。

以为这样的两位学者会是古板严肃的吧？他们那么爽朗、爱笑，眼神炯炯的，透着光亮。一开口，往事就鲜活了，一个个与鲁迅有关的人与事都在他们的记忆里，等待被激发。

学识渊博、智慧风趣的评论家单占生就是那个激发者。10月13日晚的中原风读书会上，他应邀担任主持。他热爱鲁迅，懂得鲁迅，更对鲁迅诗论有相当的研究心得。

郑州松社书店的讲台上，四把椅子，一张空着。

在现场百余名读者的心里，上面坐着鲁迅先生。

那一晚，我们听青年朗诵家许刚朗诵鲁迅先生的散文诗《影的告别》以及《〈野草〉题词》。

在他清隽且沉郁的声音里，世界顿时安静了。

"我的作品，太黑暗了，因为我常觉得黑暗与虚无乃是实有，却偏要向这些作绝望的挑战……"

这是《影的告别》发表后，1925年，鲁迅在给许广平的信中的话。

这是他的勇敢、孤绝与智慧。

都想明白了，都看清楚了，还是要去做，要分拨出一个民族的光明与黑暗。

那一晚，我们听黄乔生娓娓道来。

黄乔生是南阳人。从南京大学中文系毕业后，他就一直在北京的鲁迅博物馆工作，长期从事鲁迅和中国现代文学研究。他主持编撰大量关于鲁迅的研究史料，创作了《八道湾十一号》《鲁迅：战士与文人》等多部颇具见地的著述。

四把椅子,空的那把坐着鲁迅先生

每次回来,老家人都会说,你怎么还在研究鲁迅?如果在其他地方谋个一官半职的,还能帮我们办点事。

他微笑。

就像面对那些很少读鲁迅著作却自以为了解鲁迅的人提出的种种关乎私德或个人情感的问题一样,他也只是微笑不语。

他读出了黑暗与虚无背后的实有

在真正热爱鲁迅的读者面前,他却毫无保留。

在他的话语里,我们知道了鲁迅先生与中原大地的很多缘分:那绍兴老宅大门上挂的写着"汝南周"的灯笼;那刊载于留日豫籍学生创办的《河南》杂志上的《摩罗诗力说》等力作;那去西安讲学时路过郑州喝过的黄河的水;那曾唤起先生热情的南阳汉画拓片;那与出生于卢氏县的翻译家曹靖华的深厚情谊;那让他夜里睡不着,爬起来吃了大半的河南名吃柿霜糖……

往事这样亲切可感。

在他的诉说里，我们知道了鲁迅先生曾给学生台静农写信，拒绝诺贝尔文学奖提名。他写道："倘这事成功而从此不再动笔，对不起人；倘再写，也许变了翰林文字，一无可观了。还是照旧的没有名誉而穷之为好罢。"那封信如今就静静躺在鲁迅博物馆里。

先生如此冷静自持。

在1933年上海天马书店出版的《鲁迅自选集》作者自序中，先生这样写："可以勉强成为创作的，在我至今只有这五种。"此"创作五种"即《呐喊》《彷徨》《故事新编》《朝花夕拾》《野草》。

那一晚，我们听刘思源揭秘这五本书背后的故事。

在他的笑谈中，我们得知1918年，一直埋头"钞古碑"的鲁迅，因为和老朋友"金心异"（钱玄同）关于"铁屋子"的一次谈话而"终于答应他也做文章了，这便是最初的一篇《狂人日记》"，后又趁钱玄同出差之际草草收尾。但此后一发不可收，接连有十多篇作品问世。1922年，鲁迅应陈独秀之邀，将之前的小说结集为《呐喊》。这是鲁迅的第一部小说集。

得知《朝花夕拾》原来是恋爱中的鲁迅写给一个人的温暖如春的告白，他要清清楚楚地告诉许广平，我是怎么来的，我的往昔，我的故事。写这10篇散文时，他虽然辗转于北京、厦门、广州三地，但只用了大半年时间，就一气呵成。

也是从这本书开始，鲁迅才开始留心收藏手稿。之前，他从不在意，随写随扔，甚至被用来"包油条"，以至于很多珍贵的资料都遗失了。

在两位专家的心中，鲁迅是一个伟大的凡人。

不是没有缺点，他轻信，多疑，迁怒。

不是无可指责，包括他与周作人的兄弟反目，他和胡适的恩恩怨怨，他对朱安的决绝甚至冷酷，等等。

那是一个人的禁区，议论再多也难以明辨是非，只有当事人自己清楚。

那一晚，单占生老师说，其实每个人都有两种生活，一种是看得见的，随着社会的规则、秩序向前，随着生命的荣枯起伏，但还有一种是看不见的，是内心深处的感受。

其实也就像英国女作家弗吉尼亚·伍尔芙说过的："真实就是把一天的日子剥去外皮之后剩下的东西，就是往昔的岁月和我们的爱憎所留下的东西。"

所以如果抱着刘姥姥进大观园的心态去观察一个人，最终只得一堆无聊的谈资而已，会离真实越来越远。

那一晚，为海燕出版社最新推出的"鲁迅创作五种"担任装帧设计师的张胜说，要读经典，不要被太多的"饮料"坏了口味。五本书，他设计了五种颜色，五种图案，对应鲁迅先生创作时的心绪。

是的，重要的是去读。

读鲁迅先生的经典作品，真实的他就在里面。

读得越多，就越受益，越懂得一个真实的鲁迅。

这样的鲁迅，是一个开创者。

是语言、思想和灵魂的冒险者。

不仅在小说、散文、散文诗、杂文、诗歌、文学史研究等领域为新文学的大厦奠下了厚实的基石，更在版画、拓片、碑文等领域做了大量开拓性的工作。

那一晚，在两位专家的碰撞中，我们得知，除了研究中国小说史的开山之作《中国小说史略》，鲁迅先生还一直默默地、长期地搜集资料，仅古代拓片就有六千余张，准备写一部"中国文字变迁史"。

他是最老老实实的学问家。

那一晚，两个半小时，满满的，我们静静聆听，仍意犹未尽。

太多收获，仍有疑问。

归来，让我们用心捧读鲁迅先生的作品。这是最好的纪念和缅怀。

# 热气腾腾的生活

主题：深入生活，作家的另一种本领

主讲：焦述

嘉宾：南丁、李佩甫

主持：何弘

摄影：邓放

时间：2015年11月15日（周日）10：00

地点：郑州中原图书大厦三希堂

一

南丁先生略微颤抖着手，扭身去找花镜，摸索着戴上，捧起崭新的长篇小说《审判》，读起封底上的一段文字。

那是他几年前写的一段文字,评价作家焦述的创作,其中有"小说,其实是一门老老实实的艺术"等句子。

他回忆起1981年河南省文联创办《莽原》双月刊,发刊词中也有希望作家"靠现实主义吃饭"的寄语。

这些话始终不曾过时。

那时,两个年轻人在他的安排下相继进了《莽原》杂志社,二三十岁的年纪,青春勃发,精力旺盛。忙碌的编辑工作之余,他们读书,学习,创作。

后来有一天,其中一个年轻人找到南丁,希望能暂时离开编辑岗位,他按捺不住写作的冲动,需要整块的时间。从事专业创作后,他做的第一件事就是冒着料峭的寒风回到他插过队的村子里,寻找感觉,强化情绪。

他终于在生活里挖了一口深井,写出了"平原三部曲",当了河南省作协主席,获了茅盾文学奖。

他是李佩甫。

而另一位,是焦述。他编辑报告文学版面,也创作了不少优秀的报告文学作品,他切切实实地在生活中摸爬滚打，实实在在地在生活中体会酸甜苦辣，更有旁人难以企及的"深扎"功夫。这一点，随着岁月的流逝日渐清晰。

## 二

2015年11月15日上午，郑州中原图书大厦三希堂，这一期中原风读书会的主题是"深入生活，作家的另一种本领"。

南丁，李佩甫，焦述，并排坐着。34载时光，容颜渐改，精神劲健。

南丁近日不大出门，据说正忙着写回忆录。84岁的他格外珍惜时间。他的新书《半凋零》是记录朋友的文字，也书写着生命的况味。他大半生在文学界，从1983年到1991年任河南省文联主席，扛起文学豫军的大旗，奋力托出30年的河南文坛盛事，堪称河南文学巨擘。他不改真诚、坦率的本色，没有妄言、诳语。

他说自己读焦述的《审判》一书的感受是：老实有

余。他幽默地说，老实人也可以不老实一点。老实是对待生活的态度，不老实是指要充分运用小说的艺术手段，展开想象的翅膀。

特邀主持、评论家何弘干脆利落地总结说，就是"老老实实对待生活，激情大胆超越生活"。

和下笔时的凝练、沉重不同，李佩甫讲起话来亲切、幽默，极富感染力。他回忆起1996年，省委派7个作家到地市挂职，体验生活，为期两年。他自嘲说，自己到长葛市去，"看了七个乡，就悄悄地回来了"。他感慨，深入生活，扎根人民需要能力，不是想"扎"就能"扎"的。这方面，焦述堪称楷模。当年，焦述到济源市挂职，任副市长，分管黄河小浪底移民工作。他干得投入，有声有色，做出了一系列顺应民意又前所未见的重要决策，两年挂职期满，被一再挽留，一直干到2002年春，将济源市四万名移民移完，方才离开。这是极为少见的。李佩甫说，焦述深入生活的认真、执着和写作的勤奋，值得其他作家学习。

"身子下去了，笔头上来了，作品写好了。"何弘

南丁先生，活得尊严，走得尊严

的总结出神入化。

## 三

总结得出神入化的还有以焦述朋友的身份参加读书会的肖建中先生。他用"高富帅"来形容72岁的作家焦述，引得嘉宾和读者一片惊叹。"高"，不仅指焦述

"高富帅"的焦述,还在推新作

超过一米八的身高,身形挺拔,也指他惊人的记忆力和旺盛的生命力。过往的人和事都在他的脑海里,那里面似有一个个抽屉,贴着清晰的岁月标签,问起哪段,他都能随口说出来,具体到年月日,具体到某些细节。"富",则指焦述著作等身。从济源回来,接连写了六部"市长系列"长篇小说,并相继在省高法、房地产公司、国土资源厅挂职,时间之长,跨度之广,堪称"中国挂职干部第一人"。"帅"既是说焦述长相帅气,高鼻梁,大眼睛,也是指他超强的表达能力和感染力。

身为资深报人,他还回忆起焦述与《河南日报》不一般的缘分。焦述的第一篇散文习作就发表在1975年的《河南日报》副刊上。他的报告文学《不寻常的起飞》发表在《河南日报》1981年7月4日二版(整版),并获得了省优秀作品奖。当时这样的奖项几乎都被《河南日报》"三大才女"袁漪、关涛、张慧芳获得。也许因为这荣誉,1982年,《河南日报》将他从安阳市文联借调过来,负责编辑报纸副刊的作品版稿件。虽然只在《河南日报》工作了半年,但耳濡目染,受益颇深。

河南省高法政治部副主任齐守文谈到自己对焦述在省法院扎扎实实体验生活5个春秋的感动和敬佩。他说:终于有作家敢涉猎法院的审判工作和法官的生活这一题材了。因为法院是社会公平正义的最后一道防线,所以"审判"很复杂,有各种矛盾,涉及多方权力的碰撞。

焦述老师在省高法体验生活期间，我负责后勤服务。我知道他体验生活非常深刻，方方面面都了解得很清楚，所以才能把艰难的审判工作写得这么真实，细致入微。可以说，《审判》这本书在法院和社会公众之间架起了一座理解、沟通的桥梁，人们读了这本书，会更加客观、理性地看待法官的工作，同时对建设法治中国进程中如何处理改革、发展、稳定的关系，有更深的思索。

何弘点睛说，写作与审判，都是要厘清因果，找到真相。如果说法官是社会公平的防线，作家就是精神清明的防线。如果法官判案公正，社会公平就有保障；作家作品优质，精神生态就会良好。

## 四

作家出版社副总编张亚丽的归来让读者眼前一亮。她本身就是河南人，与河南作家有着很深的缘分。获茅盾文学奖的豫籍作家周大新的《湖光山色》和李佩甫的《生命册》都是由张亚丽担任责编的。她评价说，在文艺生态浮躁多变的当下，作家焦述沉潜一线，十年铸剑，写就《审判》这样一部厚重、省思、有担当的长篇小说力作，令人敬佩。

她说，独角兽为中国上古神兽，孤独而高洁，却是公平正义之化身。因为深入生活，焦述的作品不仅视野广阔，法理深厚，更成功塑造了一批鲜明的"独角兽"法官群像。正如作者所言：作家深入生活的深度，就是作品的深度；作家认识生活的高度，就是作品的高度。

《审判》一书的责编田小爽回忆起收到书稿时的欣喜以及在编辑过程中的种种深切感受。她说，焦述老师的作品，完全来自他的生活，来自他的细致观察，生活给他写作的源泉和动力，文学将他的动力予以最好的呈现。他这种走到哪儿写到哪儿的劲头和勤奋，真真切切地体现出一位老作家对写作的热爱。这一点，特别值得年轻人学习。

曾担任焦述"市长系列"小说责编的出版人许华伟感慨地说，焦述的作品深深扎根于河南大地，带着"泥土的芳香",让读者触摸到当前社会最有力的脉搏跳动,作品的时代意义也许大于文学价值,但它最终会留下来,被人们记住。

## 五

那天,作家焦述有些激动,话语里甚至有了辩解的意味。当年7位作家一起挂职,为什么只有他获得具体分工。他是如何被一再挽留,又如何踏踏实实出色完成小浪底移民工作的。往事清清楚楚,历历在目。

他曾说,好的写作材质,埋在生活的深处,藏在险境,就像品位极高的矿石,要采掘它,不仅要选准方位,还要有恒心和耐力,方法和手段,更不能吝惜时间。这是作家必备的深入生活的本领。

对他而言,最重要的不是靠写作获得奖项和荣誉。他说,自己也可以用先锋的手法或更花哨的写作技巧来完成作品,他甚至曾为《审判》写了一个颇具荒诞意味的开头,但他最终还是选择老老实实讲述一个故事。

这是他喜欢的风格。

人生是一场比赛吗？是，也不是。写作之路上有冠军之说吗？有，也没有。这条路很长，甚至比生命还长。

对于个体创作，焦述颇为新鲜地用足球赛来形容。他说，20至40岁是上半场，40至60岁是下半场，60至80岁是加时赛，80岁以后才是伤停补时。他说，很多好球都是在加时赛踢进去的。他踌躇满志。青春从未离他而去，他还是那个编辑部新来的年轻人。

对于河南文学，这是一条绵延无尽的河流，这是一座仰望天际的山峰，一代代，华彩的篇章风云际会，情感的酒酿醇美醉人。而你我，若有幸成为一滴水，一块石，便是幸运。若有幸泛起浪花，站在高峰，那一定是生活的深厚赐予。

作家不老，因为这热气腾腾的生活，这青春且飞扬的土地。

# 永在流动的青春河

主题：永在流动的青春河

主讲：叶辛

嘉宾：墨白、魏华莹

主持：冻凤秋

摄影：张大勇、李泽龙

时间：2015年12月27日（周日）15:00

地点：郑州大摩纸的时代书店

有些人，提或不提，总在心底的某个角落存放着。忽然有一天，听闻他的名字，所有的记忆都回来了，那些曾被点燃的岁月透过时间的风霜依然传递着暖意，仿佛生命的河流奔涌，总会带来春天的消息。

岁末，中国作协副主席、作家叶辛来了。与新中国同龄的他已是66岁，皱纹爬上脸庞，头发已花白，但他仍是一名"知青"，永远的知识青年。

从1969年3月31日到贵州大山深处一个叫砂锅寨的村子插队，到1979年10月31日返城，叶辛的知青生涯长达10年7个月。

是的，他仍是那个文雅谦和，讲话轻声细语，条分缕析的上海男人，但有些东西永远地改变了，比如吃饭的口味，比如看待这个世界的角度和目光，比如日渐悲悯和谦卑的心，比如身为写作者的命运。

少有人像他那样，频频回首那段青春岁月，反反复复书写那片高山河谷，始终惦念那群人的命运起伏。那一代人的辛酸和苦难，那一代人的热爱和执着，在叶辛笔下汇成一条永在流动的青春河。

12月27日，在河南日报中原风读书会上，一双素手轻轻弹奏起古琴，在青年演奏者吕小平带来的清幽动人的乐曲声中，每个人似乎都在回想往昔的时光。

叶辛说，岁月不是空白的。

漫长的知青生涯改变了一个上海小青年的傲慢和自以为是,他和当地农民一道挖地、耙田、播种、锄草、收割,有时还到砖厂做小工,到煤窑挖煤,或到山坡上放牛,真正体会到生活的不易,了解到中国农民土里刨食的辛苦。那些耳闻目睹,无法忘怀的人和事都被他写进了小说里。

当时村外有座古庙,很静,他栖身其中,夜晚,点着空墨水瓶改成的煤油灯,趴在床铺上写作,下雨天不出工,就抓紧时间写。在劳动和写作中,他日渐融入农村的生活,所以后来回上海,站在街头,看到自行车的洪流如潮水涌过来,有种不适应的感觉。他带着陌生化的视角观察市民的生活,并把这种别样的感受写进作品里。

也因此,叶辛说,漫长的知青生涯让他学会用两副目光观照中国的现实。一是用城里人的目光看待偏远山乡,会发现当地农民看不到的真实;二是用农民的眼光看待现代化的都市,会发现很多城里人忽视的现状。

从1977年发表处女作《高高的苗岭》至今,38年来，叶辛始终笔耕不辍，他的笔触指向火热的生活和时代的脉动，他的作品被人们深深地喜爱。

那一天，特邀嘉宾、中国人民大学文学博士、青年评论家魏华莹谈到自己读叶辛作品的感受。她提到写作的尊严，说叶辛等老一辈作家把写作看成一件神圣的事情，注重对真实生存状态的呈现，始终以悲悯的情怀关注社会人生，不做简单的道德判断，注重对人性的深度拓展，所以那些知青文学作品至今读来仍生动鲜活，给人以深刻的感受。她提到触碰历史和现实的方式，叶辛最新出版的历史小说《圆圆魂》是在坚持多年史实考证，查阅了大量史料的基础上完成的，他2014年推出的关注打工夫妻感情生活的长篇小说《问世间情》也是在长期深入体验生活的基础上构思动笔的，都和当下的现实息息相关，注重在全新的社会现实中人物的别样展现，挖掘剖析容易被忽视的社会群体，视角独特，慧眼独具，体现出作家的独立思考和对历史现实的把握能力。

那一天，河南省作协副主席、省文学院副院长、作家墨白也到了读书会现场。仿佛是注定的缘分。2015年1月18日,第一期中原风读书会上,作家墨白以"物质化时代,如何安顿我们的欲望"为主题进行了精彩演讲。岁末,墨白以特邀嘉宾的身份再次做客读书会。这一次,他和叶辛就读书写作等问题深入交流,让现场读者收获了一份惊喜。

墨白说,知识青年下乡是20世纪中国无法绕过的一个大事件。如果说中国知青文学是一个文学流派的话,那么叶辛就是它的奠基人;如果说知青文学是一个文学事件的话,那么叶辛作品是一个无法绕过的壮观的风景。叶辛观照现实的眼光如此深入,《蹉跎岁月》《孽债》等作品一推出就引起轰动。这一次,他由现实进入历史,眼光又是如此独到,不写陈圆圆的青春和盛年,而是写美人的暮年,加入了对进与退、生与死的思考。这缘于作家对生活的深入体验,对生命的深刻认识,同时又缘于作家因丰富的阅读而带来的开阔视野。

心扉似乎一下打开,叶辛与读者分享了自己的读书经验。他说,对于自己喜欢的书,常常会反复阅读。

他提到普希金的中篇小说《杜布罗夫斯基》和泰戈尔的小说《沉船》，年轻时就很喜欢，后来对作者经历有了更多了解后再读，每一次都有不同的收获。也因此，面对很多家长对如何让孩子写好作文的疑问，他说，要让孩子爱上读书，多读书，产生良好的语感，自然就能把作文写好。他说优秀的作品很多，是读不完的，所以要从经典中找到自己喜欢的书，并解开自己之所以喜欢的密码，这样才算真正读懂了这本书。

他反反复复读懂了一本书，更反反复复咀嚼透了生活这本大书。他写了10部作品记述知青生活，他说，我是在写我们这一代人的生活和命运，新中国所经历的一切，我们都经历了。写好了这一代人的命运，就写好了共和国的命运。

他说，我们甚至从一个普通的女知青身上就能透视一个国家的历史进程。所以多年来，纵然人们的阅读兴趣和关注热点不断变化，他的知青文学作品一版再版，始终受到读者喜爱。

那一天，如江南园林般环境优雅的大摩纸的时代书

在聆听,在回想,也在对比,昔日的叶辛,眼前的叶辛

店,聚集了来自省内外的百余名听众。从安徽来的出版人张堃感慨,没想到第一次来中原大地,就看到有这么多喜欢叶辛作品、热爱读书的人,特别感动。

那一天,一个叫浅蓝的作者从洛阳来,她问起一个作家的年龄和写作生涯的关系的问题,并说自己想写一部远离时代和现实的小说,在作品中展现世外桃源般的美丽爱情。

叶辛说,一旦热爱上文学和写作,就是一辈子的事

永远的知识青年

情，年龄和写作并没有太大关系，重要的是保持一颗年轻的心，那样即使到暮年，凭借更加成熟的阅历和深厚的积淀，一样能出佳作。

他说，无论古今中外，人类对美好生活的向往是一样的。他谈起自己在巴基斯坦时买到一条丝毯，上面绣满了鲜花，当地作家说，这些图案对他们而言象征着天国。因为在现实中得不到这样的生活，才会把美好的愿望寄托在里面。但具体到写小说，一定要贴近生活，抒发真实的情感,这样才能打动人心。

那一天,学者王庆杰和他讨论知青文学的历史价值和文本价值的关系。叶辛说,关于作品的价值,就让时间做评判吧。我常说,作家的名字是写在读者心上的,优秀作家的名字是写在人民心上的。

是的,时光荏苒,"知青"不老,那些贴近大地、写进读者心里的文字不会老去,青春的河流一直在奔涌。

第二辑 书香浓

一样的总是灵魂的悸动

# 书写，循着生命的节奏

主题：书写中的诗意与风度

主讲：孟会祥

嘉宾：冯杰

主持：冻凤秋

摄影：曹森

时间：2016年1月16日（周六）15:00

地点：郑州大摩纸的时代书店

每个人来到这个世界上，最初都是跌跌撞撞，不知道自己会在怎样的土壤生长，不知道会接触到什么，不知道会选择什么，钟情什么，寄托什么，更不会料定一颗心最终的指向。

我们看到一些书，遇到一些人，听到一些话，哪些最终会影响我们，融入血液，成为我们身体的一部分？

时光静静流淌，过去的岁月，你在哪里游荡？是心浮气躁，任它荒废而不自知，或是四处寻觅，左冲右突，不得要领，又或是仰望苍穹，内心笃定，有所修为？

2016年伊始，风吹书香，带来传统文化的气息。

1月16日，一个叫孟会祥的书者、学者、作者，做客中原风读书会。从王羲之到白蕉，他要讲讲那些珍贵的书写中的诗意和风度。

郑州大摩纸的时代书店，本就茂林修竹，流水潺潺，与朴素的"竹堂文丛"相得益彰。

那么多喜欢书法、喜欢传统文化的读者，站着听，累了，就捧一本书在书架的间隙处坐着，远远地望着。

时间隐去，只有一颗颗坦诚的心。

他从自身经历讲起，成长于中原大地上一个普通的村庄，襄城县白塔寺郭村，像大多数20世纪60年代出生者一样，经历"文化大革命"，目之所及，看得最多的是大字报。13岁还不曾接触真正的文学。高中，才读到唐诗。上大学，碍于面子，选择了数学专业，却并不喜欢。大多数时间都待在图书馆，沉醉在文学的世界。

那个时候，他离传统文化还有一段遥远的距离，远到他毕业回到襄城县教数学，再离开家乡到省会郑州谋生同时寻找理想。

生命到了某个季节，终于听从内心的召唤，一头钻进传统文化里，深深地品，细细地悟。

渐渐有所感，形诸文字，似深秋的虫鸣，声声撩拨在心上，温暖又萧瑟。

不断书写，根据性情，选择学帖，由白蕉、"宋四家"、孙过庭上溯"二王"，在笔墨的挥洒中始终保持着精微，遵循着法度，终得俊逸倜傥的风神。

任何艺术形式，到最高境界，都是诗吧。那一天，我们跟着孟会祥的解读，了解书法帖派的传承发展史。

楷书、行草书的成熟以王羲之的书法为标志，那是起点，也是高峰，后人只有阐释或转化，很难超越。

看看王羲之留下的那些名帖中的妙笔，或汪洋恣肆，或古朴天成。那里面有令人仰慕的旖旎之境，锦绣之心，更有铮铮傲骨，秋水襟怀。

是的，如美学大师宗白华所言，正是晋人的风神潇洒，不滞于物，使他们的行草艺术纯系一片神机，无法而有法，一点一拂皆有情趣，如天马行空，悠游自在；也正是对宇宙人生的深情，让他们体会到至深的哀感和切肤的欢乐，所以在文学艺术上有那样不可企及的成就。

而在孟会祥看来，那更是以一颗赤子之心面对自然、社会、人生，所以能各尽字的真态。

只是后来，这诗意和风度难再寻觅。

那天，从王献之、颜真卿、怀素、孙过庭到"宋四家"苏黄米蔡，到赵孟頫、董其昌、徐渭、王铎等，他一位一位地点评，寥寥数语，如电光火石，新意迭出。

终于讲到白蕉。他曾说，三百年来帖学书家，复翁（白蕉的别署）为翘楚，深得王羲之的风华神韵。他曾临其书，读其文，仰慕其风度，那一天，他却把话筒交给了王浩州。年轻的浩州是郑州一所中专院校的老师，教理工，业余研究白蕉，颇有心得。他娓娓道来白蕉的生平、个性，白蕉那些犀利的书论，白蕉留

书写，循着生命的节奏

谁说孟会祥拙于言辞，那天他侃侃而谈，都超时了呢！

下来的书法杰作《兰题杂存》，语隽书妙，笔笔皆秀，字字皆活，啸歌自如。

那天，作家、书画家冯杰作为特邀嘉宾来到读书会。他幽默地说，在古代，并没有作家和书画家之分，王羲之那么厉害，也没有当上书协主席。在古代，写书法就与如今人们玩手机发短信一样，是自然的，必备的技能。甚至到近现代，很多作家同时都是书法家。所以我欣赏的状态是，书法家也能写一些文章，作家也能涂涂画画。

他说，随着传统文化的复兴，这种诗、书、画皆擅的人才会越来越多。近年，就在河南省文学院成立了作家书画院，评论家孙荪先生担任院长，他最近推出《墨迹风景》，其书法不亚于专业书家。当然也有很多作家，他们的书法不见得有严格的法度，但有书写以外的性情，也是另一种诗意和风度。

其实，无论孟会祥，还是冯杰，都是在循着生命的节奏书写。

我想到最初读孟会祥的《二王名帖札记》《读白蕉》，在宁静的阅读中触摸到一种简古、单纯而深刻的意味，仿佛巧遇知音，豁然开朗；他的字里行间有书法技巧的细致品味，更涉及胸襟、情怀、人生际遇、生命永恒价值的追问。

而他的《襄城》《竹堂诗词》《竹堂闲话》等，则让人看到了一颗谦卑的诗心，坦然面对苦难，傲然面对俗世，寂然面对永恒。

看到孟会祥的字，再一次惊叹，直呼，有白蕉的神韵，超凡拔俗，古意丰润。见到孟会祥的人，却是诚朴谦卑。他别署"竹堂"，松竹之属，温不增华，寒不改叶，也许内心深处是一种对传统文化的坚守，更是一种腹中有诗气自华的笃定。

正如我最初看到冯杰的《田园书》《野狐禅》《说食画》，我曾说，他贴着大地生活了近30年，有一天，到了省城，看清了世界的繁华浮躁和纷纷扰扰，他怀疑、忧思，亦批判、伤痛。但都是置身事外的，或者是在颠簸中努力安妥自己的。至少，灵魂是宁静的，至少，骨子里带着乡土的澄明和草叶的温情。他不紧不慢地写，从从容容地画，一片瓦，一块西瓜，一朵花，一棵树，那些记忆越来越清晰，清晰成一件件御寒的衣服，一道道坚固的城墙，最终成就了一座叫"北中原"的城堡。

我也曾说，《诗经》中朴素清爽的风拂过这座城堡，携着《山海经》里的奇崛荒诞，唐诗中的月光，宋词里的露珠，元曲中的铜豌豆，明清笔记中的辛辣食色，这一切都使冯杰的汉字砖瓦泛着丰富的光泽。大俗大雅之间，他编织的是趣味。

如此，在他们的书写中，诗意和风度如此鲜明，只是一个在严格的法度世界里兀自婉约浪漫，一个在逍遥自在的天地里挥洒笑傲江湖的禅意。

那天的读书会像一颗饱满的果实，三个小时，沉甸甸的，却只觉得时间不够用，怎么也不够——不够孟会祥讲述他的幽人情怀和文人心性，不够他讲20多年来如何安于一隅的寂寂修炼，才有"竹堂文丛"这10本著作的集中推出；不够王浩州透露他这些年研读白蕉的故事；不够冯杰说一说他如何为了给自己的书插图，学苏轼，学齐白石，最终千变万化，成就了独有的冷眼和野趣；也不够讲者和听者交流，甚至争论。

也许，这个话题包含的内容如此丰富、驳杂，需要来个十日谈，需要慢慢地走进传统文化，日积月累地学习，一点一滴地领悟，需要在孤独中与天地私语。

也许不只是书写。正如德国哲学家维特根斯坦所说，想象一种语言就是想象一种生活方式。

那么，体认一种艺术，也就选择了一种生活方式。我们选择回归传统文化艺术，就是寻找一种中国化的生命的诗意。

何时，能将灵魂化作细雨、飞花？何时，能进入月华初生、万象澄澈的境界？不知道会不会有那么一天，我们都能听到命运深处由来已久的呼唤，曾经装聋作哑，任时光白白浪费，如今学会慢下来，试着安静下来，像一滴水，融入传统文化的海洋。

# 终于，敲到自己的家门

主题：在行走中安顿灵魂

主讲：青青（王小萍）

嘉宾：叶小文、鲁枢元、乔叶、刘海燕、任瑜等

主持：肖建中、冻凤秋

摄影：邓放、王少帆

时间：2016年3月8日（周二）9：30

地点：郑州大河书局经纬店

"旅客要在每个生人门口敲叩，才能敲到自己的家门。人要在外面到处漂流，最后才能走到最深的内殿。"

泰戈尔的这句话其实已经熟稔在心，但那天，在中原风读书会上，听作家乔叶郑重地念出，再次被击中。

也许终其一生，我们都在寻找安顿灵魂的方式。少年时，我们向往外面世界的精彩；青年时，我们渴望仗剑天涯，策马啸西风；中年时，我们被困又不安于眼前的生活；及至暮年，在回忆里反复惦念的仍是那些不曾实现的梦想。

我们也曾如饥似渴地阅读，希望在书中找到打开世界和心灵之谜的钥匙；我们感受，观察，学习，从懵懂无知逐渐明白一些人生的道理；我们或将心灵寄托于某些兴趣爱好，暂时摆脱浮躁不安，获得安宁和平静。但行走，流浪，寻找，仍是最好的方式；诗意和远方，仍是永恒的诱惑。

对于中原风读书会来说，过去的一年，就是在行走，在流浪，在尝试，在寻找。最初的想法，每月一期读书会，要在省会郑州不同的书店举办，这样走过12家书店，就等于绘制了一幅城市书香图。后来，因为一些原因，比如有的书店太小，位置偏远等，没有去到；而另一些，比如纸的时代书店，因为环境太美，接连去了数次。最初一切都是不确定的，仿佛一朵初春的花，在料峭的风中颤抖,又似一束微光,在迷茫的夜色中穿行。但因了庞大的"风花粉"群体,这花越开越美,这光越来越亮,甚至引发了"书香中原"现象。

这个万物复苏的3月,在被称为"女人节""女神节"的日子,仿佛是上天的眷顾,种种因缘际会,在河南日报报业集团强有力的臂膀里,中原风读书会终于敲到了自己的家门,那就是朝气蓬勃的大河书局经纬店。

如此明净优雅,推开书店大门,迎面而来的是一楼中央的白色圆形舞台,宛若闪着温润光泽的珍珠。简洁的穹顶和大气的背景墙极富设计感,时尚又厚重,满眼都是浓郁的报业元素,第一眼看到,就满心欢喜,真是回家了。

3月8日上午的"风吹书香"系列读书活动开启仪式暨青青《访寺记》新书发布会上,从河南日报报业集团党委书记、董事长、社长赵铁军的致辞中,听到"报业集团从最初的一张《河南日报》,形成以10报2刊为主体,涵盖40多种网络媒体、移动媒体、户外媒体等新媒体平台的现代传播体系,正在不断加快从报业集团向文化集团、文化财团的转型发展步伐",听到"大河书局与河南日报中原风读书会正是报业集团的文化窗口",听到"中原风读书会为广大'风花粉'找到了一个温暖的家",从心底生出深深的感动。

而对于当天的女主角,《河南日报》记者王小萍,也是《访寺记》的作者、作家青青来说,写这本书也是不停地行走,寻访,感悟。47座寺院,裙裾和着步履,她在大自然的怀抱里飞舞,在历史文化的丘壑间穿梭,在与一个个美好的人相逢或告别,在做梦,在歌唱,在欢笑,在沉寂,在扑面而来的新鲜事物中安顿一颗因思念而躁动的心。因为所见所闻所感都是清爽美好,所以编制的文字也是这般优雅迷人。

人在远方游走,也在远方结了善缘。

在贵州,书稿被资深出版人赵宇飞慧眼识珠,并推荐给中国社科院宗教学博士、国家宗教事务局原局长叶小文。他读后眼前一亮,惊叹这是一部当代的《洛阳伽蓝记》,并提笔为书作序《行到水穷处,坐看云起时》。

身为第十八届中央委员,叶小文先生又从繁忙的公务中抽身，来到中原，参加《访寺记》新书发布会。他说，我是为青青而来。他是如此的幽默率真，随和不拘，一开口，台上台下就是一片欢声笑语。他说，我本来只想拉大提琴，不想发言的。但太喜欢青青的文字，只读了几篇，就被吸引了。他从一个传说，一个故事，一个感受讲起，讲到宗教就是文化，寺庙不仅是佛的道场，也承载着中国的传统文化，影响着中国人的日常生活，所以访寺就是访文化。他谈到星云大师在耄耋之年赠予他的三幅墨宝：87岁那年赠的是"有情有义"，88岁赠的是"有你真好"，89岁赠的是"我有欢喜"。看似漫不经心的禅语，充满着智慧和洞见。

一个发言妙趣横生，一个评论深刻精准。评论家鲁枢元以《佛境·人境·诗境》为题，指出寺庙本就是山林自然、人世众生、精神信仰的一个融会之处，也是自然界、人类心灵与文学艺术的交合之处。诗境、人境、佛境，三个不同的境界，充满了宇宙间的能量与张力，充满了难以言说的神奇与奥秘。

他说，青青《访寺记》的过人之处，就在于她凭借

叶小文的大提琴和孙铂涵的钢琴演奏，珠联璧合，令人沉醉

才情和慧心，轻盈、畅快、无迹无痕地游走于三者之间，既能处处结缘，又能自然随性。正因为有诗学的慧心和佛学的慧根，青青《访寺记》也就成了中国优秀文学传统之树上开出的一朵自然而优雅的小花。

对于这朵小花，他在给予深情关怀的同时也指出由于"内修"还欠火候，青青的文学语言还不够透彻，不够沉稳，且文字功夫不在字句的锤炼，而在内心的修炼。

需要一个沉淀的过程，或者需要某种机缘吧。

正如这次的相聚，若没有河南日报报业集团副总编肖建中的支持、鼓励和悉心统筹，不会这么精彩纷呈。比如"风吹书香"系列读书活动的开启；比如读书会第一次分上下半场，两个主题"大气蓝调"和"深情粉红"，两个主持人，上半场五位男士，下半场五位女士；比如会场的精心布置，精细到上下半场采用不同风格的海报背景，手工书写的台签，绿植花盆的颜色等。而我们这个小小的团队，包括大河书局总经理李建峰、大河书局经纬店店长刘洋，包括青青、我，还有贵州孔学堂书局的陈娟，还有报业集团办公室的工作人员等，经过将近20天的忙碌，终于让读书会顺利举行。

正如当代贵州期刊传媒集团副总编李筑和《访寺记》责编张忠兰的远道而来。那天，听张忠兰讲对《访寺记》的理解和感受，才恍悟为何这本书能跨越千山万水在他乡找到知音。那些从作者心里流淌出来的带着体温的文字，带着灵光，进入了另一个人的内在。所谓因缘和合，即是如此。

终于，敲到自己的家门

五位重量级男嘉宾开怀大笑（从左至右依次是肖建中、赵铁军、叶小文、李筑、鲁枢元）

五位女嘉宾认真聆听（从左至右依次是乔叶、青青、冻凤秋、陈娟、张忠兰）

也正如一个作家的写作如何从"我"走向"我们",如何从一己的内心走向更广阔的世界,如何在建立自我标识,形成自己风格的同时,又勇于从熟悉的路径"走失",向陌生和不可知探险,在新的文字中将自我重塑,这都需要一个修炼的过程。

作家乔叶也是在一次次这样的打碎重塑中逐渐把文字磨得锐利,没有矫饰自怜,日渐呈现大家气象。她说,书是心灵的路,路是无字的书,青青两条路都走得仪态万方,摇曳生姿。

评论家刘海燕则是在一次次对评论对象的观照中寻找和自己内心对应的东西,她甚至说,好的评论者应该穷其一生来追随、观察研究对象,所以她的评论文字总是带着温度和质感。发布会上,她说,《访寺记》是一本能让人活得美好的书,青青文字里的美质,是当代文学缺失的品质之一,自然、清爽,又很节制。

这样的评价同样适用于作家冯杰的文字和书画。《访寺记》中的钢笔画、禅诗书法和手绘地图都出自冯杰的妙手。他坐在读书会现场热闹的人群中,像置身于北中原的田野,没有什么能打搅他的安然、自在。

而对于文学博士祝欣来说,那一天洋溢着诗情画意。她现场赋诗一首:在明媚的春日里 / 我要穿上最美的衣裳 / 就是那朵梨花开的样子……

春暖花开的日子,就这样结庐在人境,行走在诗境,悠然入禅境。

# 若此生只相遇一次

主题：前世今生茶的样子

主讲：郭孟良

嘉宾：李学昌、张体义等

主持：马哲峰

摄影：曹森

时间：2016年3月12日（周日）14：30

地点：郑州行知茶文化讲习所

若此生只相遇一次，只给我们这样一次机会坐下来，品茶，聆听，对谈，偶尔走神，我们一定会格外珍惜。此后漫长的时间，我们也许会反反复复用来回味，回忆那一刻的隽永与美好。

2016年3月12日午后,郑州航海路国香茶城行知茶文化讲习所,一个安放了数千册茶文化典籍的地方,一颗心也不知不觉在花香茶韵间安静了下来。

## 聆听·前世今生茶的样子

隔着雅致的茶席,我幸运地坐在出版人、学者、茶文化研究专家郭孟良先生对面。左边是能言善辩的茶专家马哲峰和端庄的茶师,右边是康华、张体义、李学昌等特邀嘉宾。

一开口,郭孟良先生便说:茶道中有一期一会的说法,就是人生中只能遇到一次唯一的人或事,茶人要怀着"一生相遇一次"的心情来诚心礼遇每一位茶友。我今天也是抱着诚敬之心与大家分享本人问茶、习茶的点滴心得。

他说,茶字就是人在草木之中,只有人的参与,茶方能超越物质,而升华为艺、韵、德、道,由田野到社会,由物质而精神,由生活而文化,甚而至于中华文化的

读者为郭孟良献花

特殊符号。

　　茶最初是谁发现的？是什么样子的？发乎神农氏显然是传说而非历史，可以理解为先民发现茶的代表，也是陆羽茶叶形象打造的成功案例。而浙江萧山跨湖桥遗址、余姚河姆渡遗址、田螺山遗址，所发现的茶子、茶纹、茶根遗存，将长江下游地区茶的历史推至6000至8000年前；2015年，汉景帝墓茶叶的发现，补上了西汉茶事的空白；而西藏阿里地区1800年前茶的发现，说明汉藏茶叶交流渊源更早……茶的发现和再发现过程依然在路上。我们的先民掌握着茶叶这绿色黄金的秘密。

茶的发现过程也是以文化茶的开始。从此，茶成为一种礼仪，一种精神的隐喻，一种身份的象征，也带动着茶坊、茶馆等消费空间的兴起。

那天，听到郭孟良先生讲，日本茶道的"开山之祖"村田珠光面对师傅一休禅师的棒喝，说出了"无心之茶，柳绿花红"的禅语；被尊为日本"茶圣"的千利休以"和、敬、清、寂"的茶道思想影响深远，他笔下的"一眼望去，没有花香，没有着色的叶子。海滩上坐落着一椽孤寂的茅舍，在秋夜朦胧的微光下"，正是禅茶一味的隐喻。

从来佳茗似佳人，倾国亦倾城。古代，茶是贡品也是贸易品，代表着王道和大国身份；近代，一片东方树叶成为中国融入世界的一个重要媒介。然而这个过程是充满战争、殖民和血腥的，是屈辱史。鸦片战争实际上就是茶叶贸易战争。他推荐两本书：一本是《茶叶大盗：改变世界的中国茶》，关涉史上最大商业间谍——罗伯特·福钧；另一本是福钧的回忆录《两访中国茶乡》。

尽管此前英国东印度公司早已寻求引进中国茶树、茶子，甚至技术工人到印度，但因为种种原因没有成功，福钧两次以植物学家的身份，到中国，留起假辫子，穿上中国人的服饰，深入安徽松萝、福建武夷山和浙江、江苏、上海等地的茶乡，成功将中国茶叶及其栽培、采制技术引进到印度、锡兰（今斯里兰卡），使英国最终打破中国茶叶垄断，从而改变了世界植物版图，也改变了中英两大帝国的贸易格局。

那天，郭孟良先生细讲陆羽和《茶经》。陆羽作为一个弃儿，一介布衣，一个隐者，一个怪杰、奇才、通才，成为中国茶学的奠基人、茶艺的创始人、茶道的整合者。他出身寒微，不屈从权威，有独立意志，守信义，重然诺，坦率真诚，执着倔强，勤学好问。因了他的褊躁任性，常常开罪于生活在他周围的人乃至良师挚友，甚至被人视为"楚狂接舆"；因了他的守信义，重然诺,他又赢得了许多莫逆之交;因了他的坦率真诚,天下士子乐于与之为友;因了他的勤学好问,海纳百家,走通了自学之路;因了他的执着倔强,百折不挠,终于成为了学问大家,实现了人生价值的追寻。

关于《茶经》,郭孟良先生从茶学之源、茶艺之本、茶道之门三个方面细细地带我们品读。梅尧臣有言:"自从陆羽生人间,人间相学事春茶。"今人要了解茶文化,《茶经》是绕不过去的经典。

郭孟良先生还从"茶:品质生活的符号"谈到茶的消费。

他说,从中国历史来看,宋代商品经济发展,城市坊墙打开以后,市民社会出现,商业化书坊与报房,书画、音乐戏剧艺术大盛,酒楼茶肆等公共消费空间涌现,可谓表征。北宋团茶文化登峰造极之后,茶文化开始了转型。明嘉靖以后江南茶馆的重现为标志,其特点是突破雅俗也就是精英文化与大众文化、世俗生活与雅致生活界限被打破。

从16世纪前期始,饮茶中文人雅趣的追求和呈现,形成了一种茶文化的新景观。如对茶品、茶具、水品、环境的自然空灵之美的追求，以及品饮细节的近乎仪式化的讲究和宜忌，园亭、山寺、玩赏、文艺等社集、雅集的茶会活动，都使得品茶成为文人高雅形象和品位生活的符码。一个典型的例子是，冯梦龙《警世通言》卷二十六《唐解元一笑因缘》中的唐伯虎，初遇秋香，来不及收拾行李，也不与朋友作别，急忙乘船追赶，直追到无锡，眼见秋香所乘画舫进城，反而不急，却说："到了这里，若不取惠山泉也就俗了。"遂移舟惠山取水烹茶，次日方才进城追寻。这一急一缓之间，充分显示了作为文人雅士身份象征的饮茶雅兴的力量是何等强大！

正如江南文人日益走向市场，"士商相混"一样，作为他们生活品格标志的品茶活动也必然作为一种时尚走向大众。明末三大家之一的黄宗羲曾在《思旧录》中记载他两次见到陈眉公的情景：一是崇祯元年（1628年）在西湖，眉公一行三艘画舫，结队沿着运河而来，一作寝卧，一会客，一载门生故友、小厮杂役。船一泊岸，缙绅士夫蜂拥而来，竟日会客，一面品茶，一面点评几句，点染几笔，迎送不休，"数日来只看得一条跳板"，根本无暇领略湖光山色。另一次是到云间去拜访：侵晨，拜访者泊船数里，先生栉沐毕，次第见之，午设十余席，以款待相知者，饭后即书扇，亦不下数十柄，皆先生近诗。其做派比当今的大师、明星有过之而无不及！

当下，很多人将2016年作为中产阶级消费元年，也就是说从1993年市场经济再出发，20多年的发展，中国社会已经从二元社会过渡到相对稳定的三元社会结构。由此产生的问题是中高端供给不足、个性化供给不足、品质生活供给不足。

郭孟良先生指出，茶文化消费时代面临历史拐点。高端消费降温，回归理性，回归文化，回归品位。他从品牌创新、业态创新、个性化家庭茶室迎客成为消费时尚、茶文化教育等方面为做茶人士指点迷津。

前世今生茶的样子，《茶经》的精髓"精、行、俭、德"都在这诚挚的一席谈里了。

## 闲谈·我心目中的茶

茶史悠悠，茶香袅袅。我们分享着年份冰岛正山纯料小饼和冰岛古树单株散茶，感受独特的回甘与喉韵。同时，畅谈读书感想与心得。

手持一本《游心清茗·闲品茶经》，主持人马哲峰谈到对郭孟良先生的仰慕，先生不仅写了这本注《茶经》的书，更著有《中国茶史》等专著，都有他自己全新的观点。而马哲锋自己这么些年则从调酒转到茶培训，心境也有了很多变化。

嘉宾宋璟瑶女士谈到自己十多年来做大河收藏，见证了河南茶叶的发展变化，而读《游心清茗·闲品茶经》一书，对陆羽有了一个鲜活的、立体的印象，对茶文化的方方面面都有清晰的了解。

嘉宾李学昌本身就是茶专家。他称赞郭孟良先生是河南茶文化研究第一人。立志于做茶的人都该读《茶经》，读懂，读通，甚至该把心得写下来。这次，能相聚在一起，聆听郭孟良先生"闲品茶经"，非常难得。

嘉宾张体义身为文化学者,曾与王守国先生合著《老子的智慧——〈道德经〉中的和谐自然》一书。他说,三股水——儒、道、释的注入,形成了中国特有的茶文化。儒为骨,道为表,佛为心,中国人的性格和中国文化的特质都源于此。三股水的比例不同,就形成不同的茶文化,比如以道为主的中国茶艺,近禅的日本茶道,注重礼仪的韩国茶事等。

他说,由于茶叶的易腐性,不易保存,保存下来的都是茶的附属品比如器具等。陆羽完成《茶经》,为我们保存了一份茶文化的记忆。郭孟良先生的《游心清茗·闲品茶经》重点其实在讲《茶经》之后的事,其价值也是如此,让我们看到茶文化的种种流变。

而我从时间的力量这个角度谈自己的感受。陆羽从21岁开始,一直到47岁,花费26年时间才完成《茶经》,一生只留下这么一本书,而我们当下很难有这般定力,这种缓慢的精神正是我们稀缺的。

我们可能从根本上是回不去了,回不到古人曲水流觞的风雅和悠然自在的审美心境,一切都这么匆忙。但我们其实很渴望一种安静。希望我们能在细细地还原古人品茶的各种仪式中，让这一片片茶叶清洁我们沉重的身体。而这样聆听郭孟良先生对茶文化清晰的梳理，品茶又多了一种意味，我们借此进入了历史的过程中，和古人有一种精神上的衔接和呼应。

### 互动·感谢有你

预计30人的品读会，涌进了近百名热情茶友。他们从省内外赶来，有的坐着，有的站着，认真地聆听着。

有茶友喜欢喝信阳茶，问什么季节的信阳茶好喝。专家李学昌说，明前茶其实是伪概念。信阳毛尖发芽晚，清明节前发芽率只有百分之十几，那时开始采茶，其实并不见得好。一般4月5号到10号，这个时间段茶叶最好。

现场，海燕出版社的康华副总编从出版人的角度为读者介绍"华夏文库经典解读系列"这套书。她说，出版社用三年时间，邀约全国30多位名家解读国学经典，

康华优雅地坐在茶室

这些人不仅有深厚的学术积淀，对经典有深刻的认识，还会用灵动的语言深入浅出地解读，每本书都在10万字以内。经过多次选稿退稿，最终成就了这50本"大家小书"。这套书装帧设计由知名设计师张胜设计，非常精美。价格也都在20元以内。希望面向大众,让更多人从中受益。

愉快的交流还在进行,不少读者围着郭孟良先生交流合影,更多的三三两两地聊起来,舍不得离开。讲习所的一角,有一个小小的日式茶室,布置得十分古雅,坐在里面,闻着茶香花香,一时间,仿佛穿越了。

欢喜,不散。

# 让读书成为一种生活方式

主题：让读书成为一种生活方式

主讲：鲁枢元

嘉宾：李佩甫、何弘、刘先琴等

主持：冻凤秋、张晓兵

摄影：邓放

时间：2016年4月23日（周六）上午9：00

地点：郑州黄河科技学院信息大楼第一报告厅

一个日子只是一个日子。

这一天和那一天在时间的长河里并没有什么不同。我们给某一天命名，赋予它意义，以求引起重视。

设定一个读书日，意味着这个世界上很多人还未能享受阅读和写作的乐趣，对于思想和知识也没有足够的尊重。

但读书不是一句空洞口号，一个难以实现的愿景，一种炫耀的资本和奢侈的行为。它是每个人生命中跌跌撞撞的寻找，那些遇到的书籍潜移默化影响着我们的思想和行为。也许我们读了什么样的书，就最终成了什么样的人。

约定4月23日邀文艺理论家鲁枢元担任中原风读书会主讲人时，他并没有意识到这是个特别的节点。

对他来说，每一天都是读书日。

他以一颗文学艺术朝圣者的心从事学术理论研究，多年来呕心沥血，孜孜不倦地读书、写作，用生命去探寻、构建、守望精神家园，以独立的品格和智慧的洞见引领新时期文艺理论潮流和方向，在文学心理学、文学语言学、生态批评及生态文艺学诸领域均有开拓性贡献。

读书、写作早已成为他的生活方式。

得知那一天是"世界读书日"后，他谦逊地说，那

鲁枢元老师是真正的读书人

就别以我的新书《创作心理研究》为话题了，咱们专门谈谈读书吧。

70岁的他仍是那样既博大沉郁又儒雅亲切，无论是曾经在郑州大学执教，还是后来辗转到海南大学、苏州大学从事学术研究，直到2015年归来，在黄河科技学院成立生态文化研究中心，只要有一方讲堂，他就精心准备，认真发言，一如过往的每一次授课、每一次评说，仍是深入浅出，循循善诱，一如他浸着生命体温的学术理论，灌注诗情的时代呼唤。

对于中原风读书会而言，这是第一次走进校园。

4月23日上午，黄河科技学院信息大楼第一报告厅，阶梯座椅上，200名学子，青春的脸庞，清澈的眼神；对面讲台，犹如夜空的深蓝色背景板上印着16位大师星辰般的容颜：爱因斯坦、鲁迅、王国维、陈寅恪、蕾切尔·卡森……就这样对望，凝视人类精神的高地。

而那天到场的嘉宾哪一位不是高高山顶立、深深海底行呢！听黄河科技学院董事长胡大白讲学校蓬勃发展的盛况，你会感叹一个柔弱女子是如何历经磨难，从小小的辅导班起步，创办全国第一所民办高校的。70多岁的她精神矍铄，眼睛里闪烁的光芒，岁月磨砺，诗书熏陶，让她的气质愈加芳华。

听河南日报报业集团副总编王国庆感叹一代代年轻人都是通过读书完成了最初的精神发育。如今网络时代，信息碎片化，如何让时间不碎片化、思想不碎片化，唯有读书。你会看到，身为报人，他是如此敬业，

认真聆听

不辞劳苦,但在内心始终为书籍、为人文精神保留着一方安宁的天地。

那天,听作家李佩甫回忆20世纪80年代曾在鲁枢元教授的沙龙聚会上喝过咖啡和红酒,在大家的高谈阔论中捡拾了一些文艺理论,受益匪浅。他提到鲁枢元教授当年首先提出文学"向内转"的理论,影响了他们一批年轻人的创作。所以他抱着感恩的心情祝贺鲁枢元新书出版。看着他,你很难想象,阅读是如何拯救了一个从大杂院里成长起来的孩子。他从不在书中寻找阅读技巧,他只是野读,看到什么就读什么,不喜欢就放下。家里没有书,他就到处借书看。从八九岁开始,阅读是他最大的精神享受。他见识过高雅的生活方式,懂得最好的爱情是什么样子,但他的眼光仍然看向大地最远处、心灵最深处。凭借《生命册》获茅盾文学奖后,他推掉一切可能推掉的应酬,仍然是最平静简朴的生活状态。去年,退休后的他更加风轻云淡,他在酝酿一部新的长篇,写得很慢。但他不着急,超越自己需要耐心,需要更多的阅读,读书,读山水,读时代。他在等待,他有信心。

那天,是第一次听记者、作家刘先琴讲那么多人生片段和采访写作感悟。我眼中的刘先琴是一个了不起的报告文学作家,多少人读她写南水北调移民工程的报告文学《淅川大声》,都曾泪如雨下。她的报告文学《玉米人》曾获全国"五个一"工程奖,文集《今生有缘》

获首届杜甫文学奖。我却不知道，曾经，那样一个热爱文学的年轻女孩，最初到《中国青年报》河南记者站工作，铆足了劲儿要写好新闻，自我约束，非常拘谨，写了两年也没有让人记得住的作品。后来，她尝试用文学的语言进行新闻写作，人放松了，思路一下子打开了，新闻散文化，非常出彩。我也不知道曾有两个在丹江口下乡的女知青，夜晚在山坡上抱着收音机收听一首诗朗诵，边听边记，每一句都直达心灵，让她们从此爱上了文学。不曾知道他们当年一群年轻的《中国青年报》记者，为了读到好书，先把钱交给北京的一位女同事，然后翘首以待，等待出版社新推出的"西方哲学译丛"等图书，拿到后，如饥似渴地阅读。与此同时，他们以哲学家的思想、文学家的风采、新闻记者的敏锐开启深度报道模式。那天，先琴老师侃侃而谈，往事如在眼前，很多采访细节，感人肺腑。我在心里想，如果这一刻能停留住，该有多好。

那天，文艺评论家何弘以奥地利作家斯蒂芬·茨威格的《象棋的故事》为例谈到极端条件下，没有书读，看不到任何带文字的东西，是多么痛苦的事情。而当下，面对浩如烟海的书籍，又需要选择。他说，要读经典，因为经典代表着我们的文化传统，是人们深度交流的基础。多次担任茅盾文学奖、鲁迅文学奖等重量级奖项评委的他更从一个"职业读书人"的角度谈到评判作品的标准。他说，就文学而言，判断作品的优劣，不是精彩的故事，而是要揭示内心世界微妙的情感，书写人性深处最幽微的部分，为我们提供不同的人生经验。比如诺贝尔文学奖得主爱丽丝·门罗的《逃离》，几乎没有故事，但惊心动魄地揭示了一个女人的心理状态。比如李白的诗句"举杯邀明月，对影成三人"，看似轰轰烈烈，很热闹，反而更凸显孤独的状态。他说，多阅读，会形成自己的判断标准，对我们的内心世界，对我们的生活，都会有一个更好的认识。从基因上来说，人之所以成为人，是因为能阅读。阅读就是给生命赋予意义的过程，让阅读成为一种生活方式，也是一种自我拯救的方式，会让人生变得更加精彩。

那天，听黄河科技学院图书馆馆长岑少起提到一个统计数字，以色列人平均每人每年读64本书，而国人平均年度阅读量还不到4本。这是一个让人忧心的事实。也因此，他们学校每年都要举办数十场读书会，鼓励学生博览群书。我瞬间想象到在藏书量300万册的图书馆里穿行的样子，仿佛进入绿意盎然的丛林，让灵魂尽情地吸氧，那是一件多么惬意的事情。

"一切书籍中我们最爱的是用心血写的那一类"，"作家总是把最美好的东西倾注到他的作品中"。那天，评论家刘海燕引用前辈学人的这两句话来形容鲁枢元教授的创作。作家青青说，如果你手里有两块面包，请记得用一块面包换一本书，另一块面包换一朵水仙花。关于读书和写作的意义与价值，没有比这言辞更动人心弦了。

一时间，想到，这短暂的读书会后，哪些话语会在听者心中产生波澜？哪些会被深深地铭刻在脑海中，一再回味？又有哪些会深深地影响他们，多年后还能清晰地记起？

无论如何，去读，让读书成为一种习惯，一种生活方式，就会发现，真正的好书会让你拥有很多不同的人生，你的内心会因为丰富而笃定，可以从容地面对眼前所有的浮华；而写作，则是一种澄清，是雕刻心灵，寻找真相的过程，让我们的生命不再混沌。

这样听着，想着，三个小时的时间很快过去。走到室外，雨停了，天地焕然一新。

# 深邃的眼，童真的心

主题：深邃的眼，童真的心

主讲：肖复兴

嘉宾：肖定丽、于同云、陈天中等

主持：冻凤秋

摄影：张大勇、李泽龙

时间：2016年5月29日（周日）10：00

地点：郑州中原图书大厦回声馆一楼

如此认真，如此恳切，像是要把所有知道的关于孩子的正确教育观念都给你，怕家长走了弯路，怕孩子错过了最佳的生长季节。

那么爽朗，那么热情，以深邃的眼睛回望童年，打

肖复兴老师后来对我说,你主持可真放松啊!

开记忆的大门,照亮来时的路。

5月29日的中原风读书会上,身为主持人,我坐在主讲者、作家肖复兴旁边,从他的声音里清晰地聆听到一种发自肺腑的真诚和坦率。

回来后,独自再听录音,竟感到震撼。脑子里回味着他说过的那些话,从心底生出感动。

做了很多期读书会,也听过这样那样的讲座,这一次格外不同。

事先,他认真地准备了演讲稿,我想在读书会上念念也很好。他却没有。

他不喜欢重复,就如他大半生的创作,无论是报告文学、长篇小说、中短篇小说,还是散文、随笔、理论文章,他样样出手不凡,是典型的多面手。他的文章从不凌空蹈虚,都是从生活的土壤里生发出来的,一如他的为人,亲切随和。

年逾花甲,他尝试了从未写过的领域。《红脸儿》是他的第一部儿童长篇小说。

和以前一样,动笔之前,他要细细地想,想清楚了才写。

故事选自记忆中的童年往事。15年前,他曾在获老舍散文奖的作品《忆秦娥》中写过这段经历,从成人的角度反思那个年代的人和事。但如何以孩子的视角来重新认识、看待那段生活,那一定是不一样的。童书里,成人生活变成背景,重心变成了孩子之间在这种复杂背景下的纯真友情。想明白了这一点,他才

风吹书香

于同云的朗诵分外动人

孟若水同学的朗诵声情并茂　　贺奕翔同学一口气把文章背诵了下来

有了开始的信心。

他果然写出了那种惆怅和温存的感觉。在散淡而富于诗意的文字里,读者能够真切地感受到一种诚挚纯粹的情感力量和深邃广博的思想容量。

那一天,省话剧院一级演员、朗诵艺术家于同云先生,和两个小学生孟若水、贺奕翔,在台上读起书中的段落。其中有一段是《枣树上的枣寂寞地红了》:"这一年秋天,我们大院那三棵枣树的枣寂寞地红了,然后噼里啪啦地落在地上,像落下一块块的石子,砸在地上,显得声音很响。特别是在夜里,在我的梦里,总会出现枣落在地上的噼里啪啦的声音……"

于同云的声音低回且深情,给人回味不尽的感觉。肖复兴老师认真地听着。后来,他说,从未听过如此恰如其分的朗诵,为他的文章增色很多。

拥有深邃的眼,他洞察当下人们的生活变得一团乱麻、一地鸡毛的原因,就是童心不断被碾压和漠视。

在和孩子家长互动交流时,他直言不讳地表示:"不过早读名著",即首先要根据孩子的兴趣,选择合适的书籍，引导他们阅读，等孩子有一定知识储备时再读名著；"不上辅导班"，即不要让孩子陷在辅导班的海洋里，要让他们在玩的过程中潜移默化地学习；"不写流水账"，即不记流水账式的日记，要选取生活中的一件印象最深的事情来写，坚持下去，定会受益。

拥有一颗水一样透明的心，他毫无保留地与读者分享自己的读书经历：第一本对他影响至深的书，是小学四年级时，在《少年文艺》上读到的美国作家马尔兹写的短篇小说《马戏团来到了镇上》。两个孩子一心要看马戏表演，费尽周折终于拿到了门票，却在演出开始时累得睡着了。书中的世界与少年肖复兴的生活迥然不同，但小说带来的那种怅然若失的感觉让他久久难忘。正是这本书指引他迈过读书和写作的门槛，从此，天高地阔。

第二本书，是上初中一年级时借来的一本《千家诗》，每天手抄一首，在上学的路上背诵。那么多首好诗就这样印在脑海里。

第三本书，是上高一时，图书管理员高老师破例允许他到书库里挑书,他得以大量阅读。对他影响至深的是借到冰心的诗集《繁星》《春水》和《往事(二)》等,他全部认真地抄了一遍,这些笨功夫为他打下了坚实的文学基础。

他由此诚恳地告诉家长,童年的阅读至关重要,你给孩子推荐的第一本书,对他影响至深;读书要趁早,最佳的读书年龄就是小学四五年级和初中一二年级;读书具有季节性,错过了这个时期,效果会截然不同;好的教育润物无声,中小学时读过的书,会融化在孩子的血液当中,影响他的一生。

那一天,作为特邀嘉宾,儿童文学作家、河南省儿童文学学会副会长肖定丽娓娓道来自己的童年往事。她在父亲的膝下听着各种神仙鬼怪的故事成长。在穷困的家庭环境里,拥有难得的上学机会后,她努力学习,并尝试把脑海里的想法随手记下来。第一首诗歌《露珠》在《淮水》上发表,点燃了她的文学梦。正是凭着对读书和写作的热爱,她熬过了高考失利、家人不理解、坚持4年却没能发表作品的艰难岁月,一步步成长为一位知名作家。她说，童话最能直接打开一个孩子的想象力，照亮他们前行的路。身为童话作家，她愿意永远做孩子们的陪伴者。

身为《红脸儿》一书的责任编辑，儿童文学作家、福建少年儿童出版社文学编辑室主任陈天中说，作家一定是读书人，只有不断地阅读，吸收养分，才能写出更多佳作。比如肖复兴老师创作《红脸儿》，从动笔到完成，不过两三个月的时间，这得益于他长期的阅读和生活积淀。

读书会上，作家们充分唤醒自身的童年经验，在深刻与纯真之间，将往事和盘托出。大人和孩子们一起认真聆听，开怀大笑，若有所思。

那一天，我们为了迎接一个特殊的日子而相聚。6月1日，既是国际儿童节，又是《河南日报》成立67周年纪念日。67载岁月，改变的是新闻纸的容颜，不变的是对中原大地的赤诚。

赤子之心，最是童真。

# 爱是一生的修行

主题：爱是一生的修行

主讲：叶倾城

嘉宾：乔叶

主持：冻凤秋

摄影：曹森

时间：2016年7月17日（周日）15:00

地点：郑州大摩纸的时代书店

爱看似唾手可得，比如我们与生俱来享受长辈无私的爱，人生路上又会遇到朋友的关爱和扶持，青春岁月尽情品尝爱情的滋味，后来当了父母又极为自然地爱着孩子。爱却是很难圆满，比如爱的方式对方是否喜欢，爱的诉求是不是夹杂着太多私心和贪念，相爱的双方是共同成长还是互相折磨，爱的内容局限于小我的一隅还是投向更广阔的天地。

关于爱的困惑、爱的思索、爱的争论从来就没有停止过。

也许，比之空谈爱的含义，焦灼于爱的错失，或者苦苦寻觅爱的出路，更重要的是每个人精神的成长。

终其一生，我们都需要在爱中修行。

7月17日，应河南日报中原风读书会之邀，知名专栏作家、心理咨询师、电台情感节目主持人叶倾城从武汉来到郑州，在大摩纸的时代书店，与读者分享自己多年的创作心得和人到中年关于爱的感悟。

河南省作协副主席、鲁迅文学奖得主乔叶听说叶倾城要来，欣喜地说，我们十年没有见面，我为老友豁出去，再当一回嘉宾。

曾经，她们都是知名的"青春美文作家"，在同一本杂志里看着彼此的文章，在电话里互相勉励。乔叶是朴素亲切的邻家女孩，那些源自生活的感悟清新自

叶倾城说话声音急促，也许她是骨子里容易紧张的人

然，如春雨，润心无声；叶倾城则似千娇百媚的小狐仙，以华美、凌厉、苍凉的文字，穿透人生的欢乐与悲伤，如闪电，唤起共鸣。

后来，"两片叶子"各自朝着不同的风向生长。一个从乡村教师到县城工作再到省文学院成为专业作家，在写作之路上不断磨砺、深耕和超越自我，日渐呈现大家气象；一个从省城的公务员辞职到北京当报社记者，到湖南做电台午夜节目主持人，到现在成为自由写作者，于命运的弯弯绕绕中看见深深的爱与痛。

写作改变了两个"70后"平凡女子的命运，给了她们选择另一种生活的可能。

那天，叶倾城以她独特的急促尖细的嗓音热情而坦诚地分享：她从小就拥有完整的父母之爱，成长过程中遭受的最大挫折便是失恋。那时，她认为感情是简单、纯净的，笔下情感故事的主人公仿佛生活在真空里，文字叙述也奉行极简原则。后来，做了记者，尤其是当了情感节目主持人后，她才接触到更宽广的世界，聆听到更多生活在社会底层和边缘人的生活、情感，这让她认识到爱的复杂和多样，逐渐在文字里增加了更为饱满的内容，对社会、人生有了深刻的洞察和犀利的剖析。她说，我现在喜欢的是河南烩面式的感情，加了很多配料，口感丰富，营养均衡。

身为人母后，她才真正懂得如何爱一个人。怀孕生产的过程对她而言是艰难的，经历了各种意想不到的波折。10年之后，她才敢提笔把当时的过程写到《三十八周零四天》这本书中。而此后，她将推出记述陪伴女儿小年成长的系列作品。她说，我承认对女儿的爱里有一种焦灼感，这种爱不是无条件的，不是无原则的包容，而是我纵然接受你的一切，但寄予你希望；是我爱你，同时相信你会更好。

她写过一篇《回中原》的文章，发表在2013年的《河南日报》的《中原风》版上。那篇散文写的是她陪母亲回南阳老家的故事。她第一次拿着发表自己文章的报纸给母亲看，母亲果然很高兴。母亲读完高中后就离开了南阳，到湖北工作。是在父亲突然离世后，叶倾城才意识到爱的丧失所带来的空洞和虚妄。面对年逾古稀的母亲，叶倾城决心重访她生活过的地方，趁一切还来得及的时候，真正为她写一本书。

如今，她心目中的爱不是激烈澎湃的，而是绵密久远的，一点点释放，从而细水长流。

写作20年，叶倾城推出十多部散文集、三部长篇

这次读书会后，肖月老师（右一）赢得大批粉丝

小说和翻译作品《走出非洲》等。新近出版的随笔集《爱我少一点爱我久一点》中，她笔下的爱因为宽广的视野和悲天悯人的情怀而深沉、丰富，有着震撼人心的力量。

她勤奋，执着，如精灵般飞舞在文字的天地。她曾说："只因为一点梦想的束系，让我心甘情愿，在灯火落尽后的夜晚，将日里的发生与夜里的梦绘一一炼就。仿佛粗糙的砾石，以烈焰将它熔炼成沸腾的河流，再用疾风鼓吹使它渐渐冷凝，终于成就一片片文字的玻璃。"

如今她说，写作让我的生命从混沌中走出来，赋予我存在的意义。时间经常创造奇迹，我只是在等待，等待时间把最深刻的心碎收敛起来，再变成一颗颗晶莹的宝石。

而对于乔叶来说，曾经写作也许是为了不甘于眼前的日子，也许是为着挣得不菲稿费的激励。如今，她说："我热爱这个世界，仿佛也热爱所有人。凡事与人有关，就不会不与我有关。再丑恶，再阴暗，仿佛于我也有一种奇怪的亲切。我似乎是一个活了千年百年的人，似乎对每个角落都熟悉，对每个灵魂都容纳。他们似乎都可以被我理解，被我吸融，由我的手导入，成为我生命里的一个个分支。这种感觉很疯狂。——写作于我而言的意义，就是可以过很多种人生……"

那天，她们两个谈到曾经的相识，谈到翻译的得与失，谈到小说与散文创作的差异，谈到写作与金钱的关系，谈到阅读的深度与广度，谈到爱的轻盈与沉重。总是那么鲜明的对比：叶倾城的回答急促率真，尖锐深刻；乔叶的话语不疾不徐，智慧大气。

她们和读者一起静静聆听朗诵艺术家肖月优雅而深情的诵读，声音赋予她们的文章——《星星烙》和《两种幸福》更多的意义。肖月认真地准备，在打印出来的文章上密密麻麻划分了节奏。一开口，清朗的声音将所有的注意力裹挟进来，带给人别样的享受。

她们和另一位"70后"女作家周瑄璞坐在一起，听她说文学是自己的全部，塑造了她，改变了她的命运。她循着作家陈忠实的脚步，以极大的耐心和毅力，完成了一部厚重的史诗般的小说《多湾》，在文坛备受瞩目。

她们都扪心自问，写作苦不苦？但，做什么事情没有辛苦呢？

之所以沉醉其中，是因为有爱，有巨大的乐趣。

正如叶倾城曾经的自白：若心灵有翅，可以翱翔，稿纸便是无边的天空。谁说一片绿叶不可以倾城？

正如现场"风花粉"的心声：这样一直站着聆听"双叶"的精彩对话，也是莫大的幸福。

# 她不是过客,是归人

主题:她不是过客,是归人

主讲:周瑄璞

嘉宾:孔会侠

主持:冻凤秋

摄影:陈颖、如月

时间:2016 年 8 月 28 日(周日)15:00

地点:郑州大摩纸的时代书店

那时,"70 后"作家周瑄璞还是一个初出茅庐的写作者。有一天,在饭桌上,她突然说,我要写一本和《白鹿原》一样好看的长篇。在座的陈忠实淡然一笑说:"你写嘛,说这话的人多咧。"

她有股执拗的劲头儿,她相信,只要奋力生长,就能在大树身边挤出空间,够着阳光。她经过近10年的构思、写作和打磨,于2015年年底推出47万字的长篇小说《多湾》,在文坛引起震动,不断有人将其与《白鹿原》相比,甚至称之为女版《白鹿原》。2016年4月,病危中,陈忠实为她写下几句话:20年前一段文学插曲,你却鼓劲暗下使力,终于获得成功,表示钦佩,更在祝贺!

一

郑州,漯河,上海,郑州。

周瑄璞近一个多月携新书走过的足迹,仿佛画了一个圆圈。

种种机缘,我竟然和她一起走了这一路。记得7月18日,在郑州,河南省作协、省文学院为《多湾》举办的研讨会上那热烈的讨论氛围。那时,我是一个被感动的读者。那天的场景,对于周瑄璞来说,仿佛是

诗人如月姐、安阳来的三位读者等，围绕着周瑄璞，美好不散场

一个做了很久的美梦。

记得8月20日，在上海，《多湾》媒体见面会的惊喜。那时，我是骄傲的亲友团成员。那天，作家邱华栋、徐则臣把这部作品放在世界文学的坐标上衡量，曾翻译《小王子》《蒙田随笔》等名作的翻译家马振骋老先生在网上读到《多湾》后，赞叹不已，特地赶到现场。

当时，周瑄璞收获的是满满的温暖。

记得8月27日，在漯河，"水韵沙澧"读书会上的感动。那时，我是感慨万千的嘉宾。面对近百名老家读者热切的眼神，周瑄璞动情地回忆成长经历，谈论乡愁。在她心底，最最害怕的是年纪越长，回来后认识的人越少。

8月28日，在郑州纸的时代书店，中原风读书会上，我又和周瑄璞坐在了一起。

归来是必然的选择。其实，早已归来多次，或者说，心魂从未离开。

曾经，河南临颍县大周村是她世界的中心和全部，奔流不息的颍河水滋养着她的身体和精神。

小学时，她跟随父亲到西安。人在他乡成长、生活，因为对写作的热爱改变了平常的命运轨迹，从电车售票员到去报社工作，后又调入出版社做编辑。

最初，她写了很多都市情感类小说，但在内心深处，一直有个声音在召唤，要写一部大书，献给出生的土地，将一群人、一个家族、一个村庄记录下来，讲述那些过往的故事，那也是每一个中原人、每一个中国人曾走过的路。

就像采用地道的河南方言写作一样，小说以最传统的写法厚实沉稳又细腻绵密地进入故事。对作者来说，这是一种别无选择的方式。

读书会上，周瑄璞说，有什么样的童年，就会有什么样的人生。虽然从小就离开河南，但老家有很多朋友、亲戚。在西安，一家人也说的是河南话。所以，无论过去多少年，只要写农村题材的作品，就会是中原这片土地。

因为书中的人物大都有原型，所以作者老老实实地写作，每一字、每一句都能感受到她对人物的深情，乃至疼痛感。她说，是冥冥中有一种力量推动我向前走，我感谢命运让我在精力最旺盛的时候完成了这部作品。与其说我在写作，还不如说文字塑造了我，我借助不同主人公的命运，写出自己的生命体验，更试图捕捉中原人的精神和力量。

隔着长长的距离，沉淀、回望、思考，她在写作中交付青春、胆怯和赤诚,袒露卑微、伤痛和无奈,完成了一部时光与大地的对话集,一部中原民间风俗史,一部两代女人的精神成长书,一部小人物在大背景下的沉浮录。

## 二

定力,静气,耐心,隐藏着巨大的能量和爆发力。

这是应邀担任中原风读书会嘉宾的评论者、兰州大学文学博士孔会侠对周瑄璞的评价。

她说,《多湾》是一部需要我们静下心来慢慢读的作品。作者以极其平和内敛的笔法来书写,很多跌宕起伏的故事都被她写得优雅从容,看似没有巨大的冲突和波澜,但内里隐含着思索和沉淀,试图揭示人类表象之下的秘密,探求人所共知而无法言说的某种领域。

就《多湾》内容的丰富性而言,截取其中的一些片段、故事,都可以写作成一部长篇小说,但作者没有取巧,反而以一颗诚恳之心去下笨功夫。在过去和现在之间，人和事如此稠密，心和梦这样空旷。生命的成长，激情的燃烧，衰老的降临，人性的追问，都在其中。

那天，周瑄璞谈到陕西作家路遥、陈忠实、贾平凹用整个生命来写作的执着。她说："我深深受到他们的影响。最初《多湾》的出版并不顺利，多次遭到拒绝，但我反而越挫越勇，在后来的几年间接连写了四五十个中短篇小说，很多都被转载，收入各种年度选本。这些为我在文学界积累了一些名气，同时也让我慢慢对文字有了敬畏和新的感觉。再回头看自己这个长篇，确实有可以删改的地方，我就一次一次删改，最终顺利出版。我不着急，我始终有一个信念，我在作品中要表达的，是人世间永恒的东西，它永远不会过时。写作和修改的过程，确实是极大的锻炼和磨砺，我从比较浮躁慢慢变得有耐心，变得坦然。"

三

那天，我们谈到时间的意义。周瑄璞说，时间是一个奇妙的东西,它改变一切,会把非常重要的事情变得不重要,愤怒的事情变得一笑而过。曾经,她的奶奶因为没有赶上火车,走了68里路去给在漯河读书的儿子送馍,整整走了一天。而现在,这段路坐高铁只需要12分钟。为写小说搜集素材,周瑄璞回到老家,坐车去当年的小商桥车站旧址。那一天,大中午,太阳照着,她站在这边,看着铁轨那边的站台,淡黄色的房子,她仿佛看见奶奶50年前在此地等火车的身影。她想,虽然再也见不到奶奶了,但希望以文字这种方式让奶奶得到永生。

当下文坛,有一个与时间有关的代际划分。相对于"50后"作家的厚重大气,"60后"作家的新锐先锋,"80后"作家的市场热度,"70后"作家略显尴尬。此前,有评论者认为,《多湾》堪称"70后"作家的扛鼎之作,令人刮目相看。对此,孔会侠说,"70后"作家正日渐成熟,也许再过五年十年,他们将推出更多佳作,值得期待。周瑄璞说,作家代际之间其实并没有那么规整的划分,我们要做的也许只是不停地写下去,无论外部世界如何喧嚣和变异，一个写作者，总是要回归内心，守候内在的那个世界。

读书会临近结束时，女诗人如月感慨地说："在中州平原这块被作家李佩甫称为'绵羊地'的地方，走出了这么优秀的作家。你虽然人在陕西，但根在河南。我们为你骄傲。"

是的，周瑄璞，她不是过客，是归人。

# 世界不远,就在你心里

主题:走向世界的中国作家
嘉宾:墨白、张延文、刘海燕
主持:冻凤秋
摄影:曹森
时间:2016年9月24日(周六)15:00
地点:郑州大摩纸的时代书店

当奥地利作家卡夫卡立下遗嘱,要焚毁自己所有的作品时,他不曾想到,有一天,自己会被称为现代小说之父,更不会想到某一天,他的作品赫然摆在中国某座小城的某家书店,被一再地翻阅。

当爱尔兰作家乔伊斯得知他的小说卖出了13本时,

心情喜悦，他到处寻找是谁买了第13本，因为前12本都是他自己买的。彼时，他不曾想到作为后现代文学的奠基人，他的"意识流"会对世界文坛产生巨大影响。

9月的中原风读书会，当写下"走向世界的中国作家"这一策划主题时，曾有种莫名的虚空感。因为这是一个宏大的主题，其边界并不清晰，其实质难以评估，因为有太多的问题接连在脑海中浮现，比如：如何才是走向世界？是不是把作品大批翻译出去就可以了？比如：中国作家的作品在国外书店是否被摆在显眼的位置？有没有被更多的国外图书馆收藏？是否真正受到国外读者的认可和喜爱？更进一步讲，是否从思想上、心理上、情感上对他们产生过影响？

然而，9月24日，当这些问题抛向本期中原风读书会特邀嘉宾——作家墨白，评论家张延文、刘海燕时，在彼此交错的谈话中，答案自然地浮出水面。

或许就在墨白先生感慨万千的人生况味里。

获多大的奖，作品被翻译成多少种文字都不是那么重要，走出去只是一个形式，一个过程，被异国读者接受更需要漫长的时间。这其中，文学的品质才是最重要的。

一个作家能否坦然地面对自己、认识自己，勇敢地剖析、反省并超越自我才是关键。

当下，中国作家要有独立思考的勇气，要书写时代的真实和人性的真实，要让读者通过文学体会到精神的苦难与高贵，远离卑俗和贪婪的物欲。

答案或许就在张延文先生颇具锋芒的批判语词里。相比我国日益增强的经济实力，文化的输出和影响力与之很不相称。具体而言，中国网络文学创作走在世界最前沿，但传统文学创作与西方相比差了一大截。一些作家捧获国际大奖，也许并不是因作品本身的文学性取胜，更可能是作品内容涉及的中国现实引起了西方评委的兴趣。

文学应该给人以希望，以人性之光照亮现实，写出属于我们时代、民族的精气神，而不是一味地表达焦虑、分裂、绝望等。

答案或许就在刘海燕女士朴素坦率的表达中。

研究一个当代作家，常常需要跟踪了解很多年，从而会对其创作的得失成败、个体与时代的关系等有深入发现，甚至上升为一个文学现象去研究。但很遗憾，这些年，一直有发展性、持续推出好作品的作家并不多。

迄今，在国外，被翻译出版最多的仍是《道德经》，被世界记住的可能还是《论语》、唐诗宋词等。大量被翻译出去的近现代作家的作品，产生的影响力非常有限。这是我们要面对的现实。

就像这个秋天，诺贝尔文学奖推迟到10月13日揭晓，引来种种猜测。每年，这个颇具悬念的大奖都牵动着全世界文学爱好者、作家和出版商的心。

在文学的世界里，各种奖项似乎很重要，一个大奖就能把作家捧上云端，名利双收。大奖也带来幻觉，当莫言获诺贝尔文学奖，阎连科捧得卡夫卡奖，刘慈欣、郝景芳相继获雨果奖，曹文轩获安徒生文学奖等好消息相继传来时，人们恍然觉得中国作家已经走向世界，和世界文学巨人站在同一个水平线上了。

但当我们静下心来，捧读更多经典作品，在大量的阅读和交流中会看到，世界文学为我们提供了一个个坐标，告诉我们文学的河流有多宽广，文学的地域有多少座山峰，这种比较，会让我们少些躁动和盲目，清晰地找到属于自己的位置。这个时候，世界不远。

而作家的写作，正如行者之旅，你必须是独行客，要往高处走，往险境走，一开始并不是一定要在哪儿落脚，走着走着不知不觉发现走出了一片天地，越走心气越高，越走胆子越大。

这个时候，世界也不远，它就在读者的心里，在作家的大胆探索和寂寞坚守里，在那些写出了人情、人性的好作品里。

# 听，理想在唱歌

主题：持微火者

主讲：张莉

嘉宾：邵丽、乔叶

主持：冻凤秋

摄影：陈颖、王雪

时间：2016年10月16日（周日）15:00

地点：郑州松社书店

中国当代文学曾被斥为垃圾；文艺理论因缺乏独立性和前瞻性常常被质疑；批评家和作家的关系时时被庸俗化；那些借助西方文学理论为"权杖"的学术研究又容易陷入一种模式，脱离文本，严肃刻板……

给我几个晴朗的秋日，所有的黄金都比不上此时的美酒

所以，当听到一个声音说，想成为未受文学偏见腐蚀的"普通读者"，发现掩埋在作品中的秘密，勾画有血有肉、有呼吸的当代文学图景时，不禁心怀期待。

10月16日，这位叫张莉的评论家来到郑州，做客中原风读书会。

她让雨水暂时停歇，安排好晴朗的天空，然后把阳光召唤到室内，点亮每一个言谈者和聆听者的眼神。

她施魔法给语言,让词语飞翔;她点起智慧的微火,任理想燃烧。

一

记住的第一个词是"心向往之"。她说,河南对中国文学做出了重要贡献,这是由几代小说家的共同努力完成的。想到作家李佩甫、刘震云、阎连科、李洱、梁鸿等名字,就觉得亲近。

第二个词是"持微火者"。给新书取这个名字,缘于她对写作的理解。一是在她心目中,所有优秀作家都是持火把者。他们用笔照亮我们身处的现实世界,照亮被盲视处,带读者一起进入晦暗、隐约之地。之所以不叫"持火把者",是因为火把通过强光照亮对方,反而会遮蔽自己;而微火,则在照亮幽暗的同时,让人看到作家脸上有隐隐的不安划过。对于批评家而言,说出作家没有写到或不想让别人知道的疼痛,正是他们的兴趣和职责所在。书中选的25位作家,都是她心目中的持微火者。二是鲁迅先生说过这样一段话："有一分热，发一分光。就令萤火一般，也可以在黑暗里发一点光，不必等候炬火。"她希望自己所做的批评工作也像微火一般，成为沟通普通读者与中国当代文学之间的桥梁，希望更多的读者借此了解当代文学发生了什么，正在发生什么。

二

那天，她特别谈到一个词：凿壁者——凿掉壁垒的人。在她心目中，优秀的作家都是凿壁者。

作为一名年轻的"70后"评论家，她出身学院派，从清华大学、北京师范大学到南开大学，一路读到博士后，如今在天津师范大学担任博士生导师。众多的光环下，她完全可以在学术研究的坦途上安然前行。但她不喜欢，她要做一个凿壁者，拓展另一种可能性。她提醒自己与批评家自身的虚荣、教条与刻板搏斗；尝试放弃论文体和"学术腔"，使用随笔体评论，老老实实把自己看到的、感受到的那些闪烁在沉默文本里的呐喊和光亮记录下来。

她抱着披沙拣金的态度，在完成对莫言、贾平凹、余华等已经为读者熟知的重要作家的书写后，坚持进行一种冒险，她要找出另外12位新锐作家，写下在阅读中他们曾带给她的惊异，勾勒出同时代作家的美妙面影，如此，关于这个时代"持微火者"的意象才更完整。

那天，她谈到批评家和作家的"相遇"。

纳博科夫在《文学讲稿》中说："在那无路可循的山坡上攀援的是艺术大师，只是他登上山顶，当风而立。你猜他在那里遇见了谁？是气喘吁吁却又兴高采烈的读者。两人自然而然地拥抱起来了，如果这本书永垂不朽，他们就永不分离。"

在张莉心目中，最理想的作家和读者的关系，莫过于他们能在艺术高峰的最高点相遇。而优秀的批评家就是那个理想读者。

她认为批评家应该具备三点：有情感，有脑筋，用脊椎骨去阅读。在她看来，批评家和作家之间应相互

提问的范红娟和张莉是北京师范大学校友,这一刻相识,分外亲切

照亮,这种照亮应是诚恳批评,平等对视。

在她的理解中,最优秀的小说家是创世纪的人,做的是无中生有的工作。我们看到的现实是杂乱无序的,而优秀小说家通过想象创造一个世界,燃起风,燃起爱,燃起恨,把读者席卷进去。所以至今,我们还在说贾宝玉和林黛玉,还在提罗密欧和朱丽叶,还能一再看到包法利夫人和安娜·卡列尼娜。

她常跟学生说，作家本身可能有着这样那样的缺陷，并不完美，更不是道德模范。他们是替我们遭受情感风暴的人，要经受比常人更多的磨难。所以，要理解和体恤作家。

她认为世界上最深刻迷人的情感是理解，深切理解对方在内心深处无法表达的疼痛。如果能做到，理解者和被理解者都将是世界上最幸福的人，但这样的人能有几个？在此意义上，曹雪芹和莎士比亚是最幸福的作家，他们得到成千上万读者的理解，而且是跨越时空。

当写下《持微火者》时，张莉渴望成为理解他人的人。对她而言，做当代文学批评是一件美好而享受的事情，因为她是在通过理解他人更好地理解自己。阅读是她认识这个世界的方式，也是她自我教养、自我完善的途径。

## 三

那天，演讲台上，张莉的右边是作家邵丽，左边是作家乔叶。三位嘉宾曾经一再相遇，在阅读彼此的作品时，在深度的精神交流中。

正如邵丽对《持微火者》的评价：独辟蹊径，总能看到别人看不到的地方。那些细微之处的东西，从作家的角度来说，可能是苦苦寻求的，但是往往被读者和评论家忽略，而张莉看到了这种忽略，并张扬了这种忽略，让它们显影，这应该是文学评论的旨趣所在。这样的文学评论家，正是我们当下的文学所需要的。

正如乔叶用"烧脑""烧心""烧爱"三个词来表达自己的感受。"烧脑"是说《持微火者》要求读者有很好的阅读背景和一定的文学素养，才能读透、读懂这本书，产生共鸣；"烧心"则是说这本书太有文采，很见性情，甚至让她对作者的才华产生微微的嫉妒感；"烧爱"是说张莉很会爱作家，这种爱有尺度有原则，有批判有期待，包含着深切的懂得。

那天，100多位读者和张莉初次见到，却深深沉醉在她丰沛的感受力、深邃的思想和理想主义的激情中。

现场，在回答读者、郑州师范学院教授范红娟关于随笔体写作的核心路径和遴选作家的原则时，张莉得遇知音般欣喜作答。在写前13位作家时，她看重的是新见，或在前人的基础上有自己独到的见解和发现，或另辟蹊径，给读者认识作家的新鲜视角；而后12位作家，她选择的核心标准是他们对中国现代以来的汉语写作有没有做出贡献，有没有带来惊喜和认识世界的更多可能，他是不是一个旗鼓相当的写作者，让批评家从中受益。

那天，我们照见彼此似曾相识的面容，听到久远而熟悉的言语，触到频率相近的心跳，无限接近梦想中的批评。

如此美好的相遇，一瞬，已足够。

# 故乡处于大地的中央

主题：风中望乡

主讲：付秀莹

嘉宾：乔叶

主持：冻凤秋

摄影：曹森、许玉霞

时间：2016 年 12 月 31 日（周六）15:00

地点：郑州大摩纸的时代书店

2016年的最后一天，再次清晰地听到时间的风声。想起阿根廷文学巨匠博尔赫斯的名言：你的肉体只是时光，不停流逝的时光，你不过是每一个孤独的瞬息。

也许对于某些人来说，生活不过是一日日的重复，浑浑噩噩，不需要反省，不需要思虑，只是埋头过下去，或是为生计奔波，或是沉溺于享乐，或是汲汲于名利，等到某个时刻，停下脚步，倏忽大半生已经过去。

也许对另外一些敏感而清醒者而言，每到时间的节点，总会有异样的感触。回望来时路，梳理过往的点点滴滴，及时反省人生，珍藏美好的记忆，审视无可追悔的往事，追求尚能仰望的梦想，日渐懂得自己的能与不能。

而对于那些智者，那些深刻地洞察人类命运的人，既会给你一个久久望着孤月的人的悲哀，也会给你关于生命的诠释，关于我们真实而惊人的存在，关于记忆的深不可测和心灵的无限延展。

还有，关于故乡，那个连接着我们精神血脉的地方。

那一日，"70后"女作家付秀莹从北京来，在郑州大摩纸的时代书店，做客中原风读书会，和"风花粉"一起，以"新乡愁：中国乡村的消逝与新变"为主题，分享那些深深嵌刻在我们生命中的记忆。

那一日，天气晴好，和后来元旦三天假期的雾霾压

2016年的最后一天，关于乡愁，我们说了好多温暖体恤的话（从左至右依次是冻凤秋、付秀莹、乔叶）

境截然不同。生活在当下，一个蓝天就能让我们欢呼，心情飞扬；一个雾霾天，又能让我们抱怨连连。

是的，这是一个急剧变化的时代，一切都在飞速发展，生活在城市和乡村的人们都被裹挟其中，都会有这样那样身体或精神的不适。

我们所做的，不过是同样的梦，一个美丽中国的梦想，一个现代意义上的崭新田园的梦想。在朝着梦想前行的途中，或许不可避免要有这样那样的挣扎、失落、期许、无奈、抱怨。于是，那些记忆中宁静清新的故乡或诗意美好的他乡成为人们的向往，巨大的乡愁在心灵深处蔓延，这是属于我们这个时代的新乡愁。

数千年的乡土中国，人和自然不曾分离，那是"暖暖远人村，依依墟里烟"的温暖家园，那是"采菊东篱下，悠然见南山"的恬淡心境，那是"明月松间照，清泉石上流"的诗心观照，我们的乡土自信而坚固，我们文学的荣耀在悠远的抒情传统里。那时的乡愁是壮士远征，是仕宦庙堂，是客居他乡，能轻易找到明确的指向和诗意的安慰。

"五四"时期，中国社会制度发生巨变，现代文学家笔下出现"异乡人"的形象，他们从尚未受近代文明冲击、几近原始状态的故乡走出，在乡村、城市、山野间踽踽独行，满怀理想、希望和奋斗的决心，却找不到可以实现自己抱负和生命理想的地方。正如鲁迅《故乡》中的"我"，对故乡的批判和不满都建立在一种无法表达的爱与痛之上。他们难以在故乡找到精神上的归属感,从"离开—归去—离开"这一归乡模式中,我们感受到的是一群现代知识分子无处可依的境地,他们面临的是"故乡"和"异乡"的双重失落,这决定了他们只能"在途中",一直行走。

和鲁迅、师陀等直面现实不同,作家废名、沈从文等构筑了一个"故乡"的田园神话。在沈从文笔下,乡愁是古典美的代称,在《边城》等一系列作品中,他描绘出最为纯美自然的中国乡村图景。

而当下,在全球化的浪潮中,乡村变得自卑,被迫同时也似乎是迫不及待地融入城市化的进程。当我们的作家提笔书写乡愁时,总是五味杂陈,爱恨交织。

对于付秀莹来说,虽然少年时就离开河北无极县的一个村庄,在外求学,辗转北京,如今担任中国作协《长篇小说选刊》执行主编,但她始终走不出她的"芳村"。她写了很多作品,比如小说集《爱情到处流传》《朱颜记》《花好月圆》等,写乡村也写城市,但直到2016年推出长篇小说《陌上》,她才写出了心中的"芳村",一个处于时代洪流中的村庄的惊人变化,写出了村子里那些看似微不足道的男人女人的心事,由此折射出乡土中国在一个大时代的隐约心事。

正如她柔美婉约的外表,她笔下的文字也属于古典一派。她喜欢隔着帘子听雨,独上高楼望月,喜欢落花人独立、微雨燕双飞的意境。中国传统文脉的精神因子,融化在她的血液里,但在清新恬淡的文笔中,她书写的并非真正意义上的桃花源,也非优美的田园牧歌。她的笔下有悲怆之声,有悠长的叹息,始终鼓荡着生命隐秘的呼啸风声。

那一天在读书会上,她说到聆听。直到今天,她仍保持着和生活在乡下的父亲每日通话的习惯,不过是聊聊村里的家长里短。她几乎清楚每一户人家的婚丧嫁娶,喜怒哀乐。乡亲们的命运起伏,便是她的乡愁所在。

我被这个细节深深触动,想起哲学家海德格尔说的:人当诗意地栖居。他还说过,故乡处于大地的中央。

我们的故乡都在经历着剧烈的变化,当抱着冷漠的心态逃避时,当一个劲儿地抱怨批判时,当一味地怀念记忆中的乡村时,我们如无根的漂萍,乡愁无处安放。何不做些切实的事情?哪怕只是聆听。

或许只需要抽出一点时间,耐心听一听父亲母亲的心声;或许只要走出狭隘的一己世界,去了解一下老家乡亲的生活状态;或许只需拿出一点智慧和思考,为乡村的改变做些力所能及的事情。

或许,在不停流逝的时光里,当我们的一声叹息融入无尽的叹息,当我们的心事和千万人的心事一起起伏,当我们的乡愁和浓浓的乡情连接,我们便找到了回家的路。

第三辑 名家情

把生命的风车缓缓吹动

# 心怀梦想　脚踏实地

墨　白

一个阳光很好的下午，庄子做了一个梦。他梦见自己变成了美丽的蝴蝶，在充满阳光的花丛间自由地飞翔，他忘记了自己原本是庄周。突然间醒过来，看着眼前黄昏暗淡的光线，庄子迷惑不解，"不知周之梦为蝴蝶与，蝴蝶之梦为周与？周与蝴蝶，则必有分矣,此之谓物化"。庄子是一个天才的哲学家，"庄周梦蝶"超脱了具体的论说，直接从心灵感悟入手，让我们进入了梦想与真实、物质与精神、生与死等繁杂的哲学话题。而这些，正是我一直以来思考的，我在我花费 20 年时间创作的小说"欲望三部曲"（即《裸奔的时代》《欲望与恐惧》及《手的十种语言》。编者按）中也做了深入探讨。

加缪说："生活从来就不是容易的事。"是的，如果我们没有梦想，怎么来面对纷繁的社会现实？尽管费尔巴哈说"天堂是人们编造出来的谎言"，但是我们的生活不能没有梦想，不能没有天堂，我们要坚信我们的梦想，更重要的是我们一定要脚踏实地。

1942年7月10日，西斯托·罗德里格兹出生于美国密歇根州的底特律，他在28岁那年出版了音乐专辑《冷现实》，但只卖出了35张；第二年他又制作了《从现实来》，这张唱片的销量比第一张还凄凉。随后，他就被唱片公司除名，去建筑工地当了一名工人。意外的是，罗德里格兹对现代城市的控诉、对底层艰辛的表达和他清澈的嗓音在南非的年轻人中产生了共鸣。在罗德里格兹的音乐走红的时代，南非正因源于1910年的种族隔离制度而引起国际上的强烈制裁，1974年，南非被取消参加联合国一切活动的资格。南非人听不到来自国外的任何消息，不安、渴望自由，罗德里格兹的歌十分准确地描述了当时处于孤岛中的南非人的普遍心态。在南非，罗德里格兹的歌仿佛一种正义的声音，给人以希望。

　　罗德里格兹的歌仿佛无处不在。然而，在开普敦，你可以得到关于"猫王"或者"滚石"的消息，而罗德里格兹，这位戴着墨镜身穿红色背心盘腿坐在唱片上的歌者，却像一个谜语，没人能猜出他的年纪和身高，更看不清他的相貌。甚至有人传言，这位伟大的歌手已经去世——在最后一场演唱会上，因为音乐事业走向下坡路，罗德里格兹遭到满场嘘声，他温柔而安静地感谢了在场观众，在唱完最后一曲之后开枪自尽。另一种传言也堪称摇滚史上最惊心动魄的场景：他在舞台上点火自焚。为了解开这个秘密，南非两个执着的乐评人——斯蒂芬和克雷格开始艰难地寻找。没有资料，他们就从罗德里格兹的歌词中寻找线索，歌中有阿姆斯特丹，他们就去荷兰；歌中有纽约，他们就去美国；歌中有底特律，他们就去密歇根……就在他们无望地将要放弃时，在他们的网站上传来了激动人心的消息：这个被工友称为"诗人"、偶尔会穿着燕尾服去上班的建筑工人仍然活着。

1998年,在退出歌坛25年后,年近六旬的罗德里格兹踏上了南非的土地。在开普敦机场,他和女儿们小心翼翼地绕过前来迎接他们的豪华加长车。在酒店里,低调的罗德里格兹睡在沙发上,他不忍心把酒店的大床弄乱,但他是如此的平静。在山呼海啸、座无虚席的演唱会现场,他平静得就像回到了家,像是年轻时在小酒吧里唱歌,仿佛这一切早已在梦中演练过无数遍。他平淡地接受生活给予他的一切,即使25年之后,当这世道又让他开口,他站在万人瞩目的舞台仍然像过去的每一天那样平常。在此之后,他陆续在南非开了40场演唱会,每一场都爆满。巡演结束后,他再度回到美国,一如既往,每天去工地工作8个小时。现在,这位年过七旬的歌手,已经没有力气去干那些重活,白天,他默默地走在小镇的人行道上,身子有些歪斜,但他行走的姿态却让我们感动;晚上,他回到家,喝喝小酒,弹弹吉他,他有些沙哑的歌声,仍然是那样动听。

是的,生活是美好的!而我的小说《欲望》(即《欲望与恐惧》。编者按)中的主人公,我的那些兄弟,谭渔、吴西玉和黄秋雨，他们却没有认识到这些，无情的时光已经将皱纹刻满了他们的额头，他们在物质和精神的世界里挣扎，一如生活中的我们。

1950年12月，福克纳在接受诺贝尔文学奖时发表演讲："我感到这份奖并非授予我个人而是授予我的劳作的——那是深陷在人类精神的痛苦与汗水中的一辈子的劳作，之所以劳作，不是为了荣誉，更不是为了利润，而是想从人类精神的材料中创造出某种过去未曾有过的东西。"

是的，这也正是我想要表达的。我们的生活要有梦想，同时，我们也要脚踏实地，要好好地生活，要给自己的家人、朋友，给生活在这个社会里的人们做一些我们力所能及的事情。我们这样做的时候，精神是充盈的，灵魂是满足的，我们会收获意想不到的美好。

# 让自己有光

乔 叶

小时候常听奶奶说一句话:"人到这世上,眼前都是黑的。"这种黑,自然说的是世事难料,人生艰辛。面对这广大的世界,每一个个体都是渺小卑微的。而相比于男人,女人无论生理还是心理都显得更为弱势,可能就更容易感觉到"黑"。如何度过这些"黑"?我想,也许最好的方法就是让自己有光。

最近流行一个词叫"暖男"。作家冯唐在解析"暖男"时说:"说到底,女人还是要自强:不容易生病的身体、够用的收入、养心的爱好、强大到'混蛋'的小宇宙。拥有这些不是为了成为女汉子,而是为了搭建平等的基础。自己穿暖才是真暖,自己真暖之后才有资格相互温暖。"此话深合我心。由此想到和当代女性精神相匹配的那些词：自立、自强、自信、自尊、自爱……也许，还可以再加上"自暖"，同时还有"自亮"。当然无论是哪种"自"，说到底还是要看自我的修为。以前我做心理专栏的时候，经常会接到女人们的邮件，很大的比例是诉苦，已婚的声讨丈夫对自己没有责任感，未婚的怨怼男友没有给自己安全感。每当看到这样的信，我都会想起一句俗话："爹有，娘有，不如自己有，夫妻有也隔着一层手。"这话很有意思。手与手之间隔着一层东西。这层东西一旦不存在了，那就是有人打破了那层隔离带，把手伸到了对方这里，有了行乞的意思。我就很纳闷这些女人为什么不想想：你凭什么向男人要责任感和安全感？如果人家就是不愿意给你呢？或者说开始愿意给后来不愿意给就是把你晾在了半路上呢？那你是不是就只有末路一条？是，我知道会有人告诉我：因为爱情。我把爱情给了他。可是，他也把爱情给了你啊。同理，你把青春给了他，他也把青春给了你。——你给了他什么，基本上他就给了你什么。奉献是双方的，接受也是双方的。也因此，对方给予的责任感和安全感其实不是人家欠你的。它更像是爱情随之而来的美好赠品。赠品有的话自然很好，没有的话怎么办？

——让我们从此刻做起，从当下做起，少要求对方，多打理自己，让自己变得越来越智慧、聪明、成熟、宽广、独立和美好，以自己的魅力吸引我们的爱人积极主动、心甘情愿地来为我们负责。没错，我的意思就是在向男人们要之前，也许我们更应该先向自己要。因为，我们固然是一个女人，是一个妻子，但我们更是一个人。一方面，如果我们好好地做自己，让自己越来越好，我们就肯定会遇到更好的人。另一方面，即使我们没有遇到更好的人，但是我们最起码有了更好的自己，这个更好的自己可以让我们在情感荒年来到的时候，肯定不会被饿死。这不也很好吗？

作为一个有着20年创作时间的写作者，我也深深地感觉到：让自己有光，在文学意义上也是一样重要。

近些年，在接受媒体采访的时候，经常会有记者问道：怎么看待文学边缘化？我说：边缘化是好听的词，不好听的就是没人理了，没落了，不被人关注了。在这个很多行业和领域都号召着要"更快、更高、更强"的时代，文学也许确实很难让很多写作者自信。但是，文学的意义不同于湖南卫视的超女选秀，文学边缘化本来就很正常。它从来都不是喧嚣澎湃转瞬即逝的波浪，而是波浪下面深沉久远的河床。我们人类那些最基本也最宝贵的情感，那些灵魂深处最黑暗也最顽固的困惑，那些最丰富也最纯净的理想……都是这个河床里的珠宝。文学表达着对世界、对生活的个别的、殊异的感觉和看法，否认和抵抗着生命的单调和浅薄，让我们感受到人心和人性的丰富、柔软和多样，从而体验到更有意味的人生。在文学的世界里，我们可以最大程度地超越时间的局限，让自己活着的时候，人生更为清晰和辽阔。身体死去的时候，心灵里的人生更为长久。也因此我对自己从事的职业一直都有着执着的相信。我相信它的意义，相信它的价值。我相信：只要有人在，文学就会在。人类存在多久，文学的生命力就会有多久。

它就是我们非物质的柴米油盐酱醋茶，是我们心中一团永远不会熄灭的火焰。它的燃料永远是人们的心，它的光芒照耀和温暖的，也永远是人们的心。

经常会碰到媒体发问："是否会追着市场去写作？"我说很抱歉，虽然市场很诱人，但我不会去追。市场那么大，层次划分那么精细，如果市场是光的话，让我追着光跑，那么我有一万条腿也跑不过来，因为我不知道该冲着哪一道光跑。但是如果我把自己的东西写好，让自己更强大，让自己的光芒更耀眼，很可能就会把市场吸引过来。我觉得这样比较好。

还有纯文学创作和影视的关系。当下有一些作家是以如何将作品尤其是小说写得适合转换成影视剧作为重要的考虑因素来进行创作，以扩大自己作品的影响。其实我觉得专心写小说跟影视并不矛盾。我也见过很多导演，他们说过，有时候小说家自认为写出了很符合影视剧要素的东西，其实他们不要这个。人家就要你小说的一个思想核，故事情节的一个核。莫言写过这样的感想，说他有一次专门冲着想象中的导演所好，写了一个小说，但导演根本看不上。导演说他们看重的就是他们认为很陌生的但你能提供的信息，那种只有小说才能表达的信息、情节和感觉，也就是说，不是你想靠拢就行了的问题。其实你的优势就在于你的不靠拢。这才是你的核心价值。

所以我觉得还是要专心写自己的小说，专注于让自己的小说有光。小说之光和影视之光这二者本质上不矛盾，甚至运行在同一个大逻辑里。因为优秀的小说就是影视的母体，只要你写得足够好，就很有可能衍生出影视改编权，影视改编权的附加值非常大，经济方面来说一点也不受损，而且自己的艺术个性也能保持独立。这不是很好吗？——你只负责做好自己，其他的一切会自然而然到来。

人生之路漫漫。有阳光明媚，也有风雨如晦。如果仅仅依靠命运赐予的外界之光，那黯淡寒冷的时刻一定会很多。若能得到外界的光亮温暖照拂，这很好。但更好的准备也许是让自己有光。如果你不仅能发光，且发光发得很稳定，这就最好。只要有了自备的光源，无论是工作事业、情感世界还是日常生活,你就都会有源源不绝的能量源,你的小宇宙也就会越来越圆满和强大。

# 每个作家内心都有一座图书馆

马新朝

世界上任何伟大的作家、诗人，都是爱读书的人，都是饱学之士。我们从中国古代李白、杜甫、苏东坡的诗中可以看到他们引经据典，知识渊博；从20世纪西方一些杰出的诗人作家比如萨特、帕斯、博尔赫斯等人来看，他们好像每人心中都装着一个图书馆。

世界上任何先进的民族、先进的国家和地域，都是读书成风的。你去以色列，你去德国，你去俄罗斯，看看那里的人们空闲时在干什么，不是研究菜谱，不是在打麻将，而是在读书。我的一个朋友曾只身深入俄罗斯乡村，一个农民，并不富裕，农闲时每天读书写作，居然还出了一本诗集，他出诗集不是为了出名，而是内心需要。西方很多国家盛行休假,总统也要休假,而且时间很长。他们休假干什么?有很多人是去读书的,是去补充精神能量的。我曾经问过一个将要休假的人在休假期间做什么,他说他列了一个书单,平时没有时间读,要趁休假时间读。以色列人酷爱读书,尊重诗人,诗人死后,会在他的坟墓上建一个小箱子,诗人一生出的书都会放进去,像一个小型图书馆,喜欢他的诗的人会到他的坟墓边去阅读。

所以读书对一个作家特别重要,读书就是借用前人的经验。读书就是站在巨人的肩膀上,读书就是让灵魂吸氧。

书本是世界上最公平的事物,书中的知识就在那里,谁都可以去拿,谁都可以去取,就看你去不去,它不拒绝任何人。

因为我自己写诗,我就想伟大的诗人是一些什么人,大概就是一些内心强大的人。要成为一个内心强大的人,就是要站在巨人的肩膀上,就是要吸取全人类的精神财富,唯一的途径就是读书。

鲁迅是现代中国作家中为数不多的内心强大的人。鲁迅的伟大，不是他的作品中的技术，而是他作品中的精神。有人说，鲁迅在当下被打压，是因为他笔下的人物全都复活了。这些复活的人物看着鲁迅的作品就会不顺眼。

我们当下的中国文学，不够强大，基本丧失了对现实说话的能力。不是深陷在生活的泥潭中拔不出来，就是像怨妇一样诉说着一己之哀怨。我形容当下的作家，很多都像是没头的苍蝇一样到处乱撞。

作家没有了精神的强力就站不起来。现代诗歌反对理性，反对说理，这是指从诗歌艺术本质上要求的，诗人要写出好诗，首先必须是个有理性的人，有精神高度的人，诗歌中不是没有理性，诗歌中的理性是看不见的，超越理性的，那是一种更高更为普遍的理性。

有的作家告诉我说，他不是不读书，他要读社会这本大书。我的看法是，一个不读书的人，是看不懂社会这本大书的。一个作家要读两本书，既要读社会这本书，也要读你手上的那本书。它们是互补的，是相互进入的。

过去有人说，读万卷书，行万里路。二者也是一个整体，缺一不可。如果你不读书，你行万里路是没有用的，行一百万里路也没有用，你还是看不懂，就像没有看一样。当然，你若是只读书，不去思考社会，不去参与社会，就会成为一个书呆子。所以二者是一个整体，缺一不可。

当代社会，留给个人的空间越来越少，留给读书的空间越来越少。

由于交通的便利，由于通信的便利，现代人的聚会越来越多，越来越容易。大的聚会，小的聚会，朋友聚会，单位聚会，学术聚会，圈子聚会，有的人一年到头都泡在各种聚会上。有的人乐于参加聚会，是因为孤独，然而，聚会并不能消除个人的孤独，有很多人在聚会时或在众人面前会显得更加孤独。

聚会也不能代替读书，我们都有这个体会，有很多聚会，包括一些专业的学术聚会，比如说讲座、研讨会等，并不能给我们带来多少有用的知识和真理。

现代社会因为聚会盛行，培养了众多职业的或是业余的演说家。这些演说家，一看到聚会就兴奋，他们口若悬河，一泻千里，滴水不漏，天下事，无所不知，无所不晓。我对这些人总是有所怀疑，一个演说者，或是叫善言者，一旦成为职业，就不可信，或者是有娱乐的嫌疑，或者是有表演的嫌疑。

因为真理和知识总是弱小的，真理和知识存在于寂静之处，而不是喧嚣之中，存在于思考之中，而不是表演之中。

因此，聚会不能替代读书，反而导致个人空间的缩小。

当代人已经被异化，已经没有古代人那么从容、悠闲。多数人的生活程式化、工具化。上班，吃饭，睡觉；睡觉，吃饭，上班……人们像机器一样转着，无意识地转着，根本没有时间思考。人与其他动物最大的区别就是，人会思想。人如果没有了思想，与动物有什么区别？

我们从古代作家那里读到闲适，读到天人合一。这正是当代作家所缺少的元素。为什么我们缺少幸福感？

因为我们被异化,与自然分离开了,自然才是我们的家园,失去了自然,我们就失去了家园。

从异化中走出来,读书,并学会思考,让书籍真正滋养我们的灵魂。

# 由来已久的心愿

刘庆邦

每个人都有自己的心愿,心愿像是对神灵悄悄许下的一种愿,许了愿是要还的。有的心愿还类似于心债,心债不还就不得安宁。

写工亡矿工家属的生活,是我由来已久的一个心愿。

1996年5月21日,在麦黄时节,河南平顶山十矿井下发生了一起重大瓦斯爆炸事故,84名风华正茂的矿工在事故中丧生。当时我还在《中国煤炭报》当记者,事故发生的第二天,我就赶到了平顶山十矿采访。说是采访,其实我主要是看,是听,是用我的心去体会。工亡矿工的家属们都处在极度悲痛之中,我不忍心向他们提问什么。那几天，不管我走到哪个房间门口，都听见里面传出哀哀的哭声。体育宾馆圆形的走道，仿佛使我陷入一种迷魂阵，我怎么也走不出那哀痛之地。那些工亡矿工家属当中，有年轻媳妇，有白发苍苍的老人，还有一些不谙世事的孩子。他们都是农村人模样，面目黧黑，穿着也不好。那被人架着胳膊才能走路的年轻媳妇，是工亡矿工的妻子。那蹲在门外久久不动的老人，是工亡矿工的父亲。有的工亡矿工的孩子大概一时还弄不清怎么回事，在走道里跑来跑去，对宾馆的一切露出新奇的表情。孩子们的童心无忌使人们的悲哀更加沉重。在那些日子里，我的心始终处在震荡之中，感情受到强烈冲击。我一再对自己说不要哭，可眼泪还是禁不住一次又一次涌出。回到北京后，我把所见所闻写成了一篇近两万字的纪实文学作品。我知道自己不能为家属们做什么，我只能较为具体、详尽地把事故给他们造成的痛苦记录下来，告诉人们。我想让全社会的人都知道，一个矿工的工亡所造成的痛苦是广泛的而不是孤立的，是深刻的而不是肤浅的，是久远的而不是短暂的。我想改变一下分析事故算经济账的惯常做法，尝试着算一下生命账。换句话说，不算物质账了，算一下精神和心灵方面的账。

在作品中，我并没有站出来发什么议论，主要是记事实，写细节，让事实和细节本身说话。作品以《生命悲悯》为题在《中国煤矿文艺》1997年第一期发表后，在全国各地煤矿所引起的强烈反响，让我有些始料不及。有一次，我到陕西蒲白煤矿采访，有的矿工和家属听说我去了，就在矿上的食堂餐厅外面站成一片等着我，说我写了那么感人的文章，一定要见见我，还说要敬我一杯酒。矿工和家属有这样的反应，把我感动得不行，差点儿流了眼泪。由此我知道了，只要我们写的东西动了心，就会触动矿工的心，引起矿工兄弟的共鸣。由此我还认识到，用文艺作品为矿工服务，不是一个说辞，不是一个高调，也不是一句虚妄的话，而是一种俯下身子的行动，是一件实实在在、呕心沥血的事情，是文艺工作者的价值取向、良心之功。只要我们心里装着矿工，贴心贴肺地为矿工着想，喜矿工所喜，怒矿工所怒，哀矿工所哀，乐矿工所乐，我们的作品就会在矿工群体中收到积极的心灵性和社会性效应。

我萌生了一个新的想法，能不能写一部长篇小说，来描绘工亡矿工家属的生活呢？与长篇小说相比，纪实作品因为"纪实"的严格要求，总是有一些局限性。而长篇小说可以想象，可以虚构，篇幅会长些，人物会多些，故事会复杂些，容量会大些，情感会丰富些，思路会开阔些，传播也会广泛一些。有了这个想法，我心里一动，几乎把这个想法固定下来，接着它就成了我的一个心愿。

自此，我对全国煤矿的安全状况格外关注。我国的基础能源是煤炭，在各种能源构成中，将近百分之七十来自煤炭这种化石能源。国家用煤多，采矿的从业人员就多，安全状况不容乐观。从2004年10月20日到2005年2月14日，在不到4个月的时间里，全国煤矿就接连发生了三起重大瓦斯爆炸事故。在事故中，河南大平矿死亡148人，陕西陈家山矿死亡166人，辽宁阜新孙家湾矿死亡214人。500多条年轻宝贵的生命突然丧失，同时使多少妻子失去了丈夫，使多少父母失去了儿子，使多少子女失去了爸爸。残酷的现实，让人何其惊心，何其痛心！一种强烈的使命感鞭策着我，催我赶快行动起来，深入挖掘素材，尽快投入长篇创作。

我选择了到阜新孙家湾深入生活。我做了充分准备，打算在矿上多住些日子。到了阜新我才知道，深入生活并不那么容易，不是想深入就能深入下去的。我只到了矿务局，还没到矿上，局里管宣传的朋友知道了我的意图，就把我拦下了。他们对我很客气，好吃好喝地招待我，拉我看这风景那古迹，就是不同意我到矿上去，不给我与工亡矿工家属有任何接近的机会。结果，我那次深入生活以彻底失败告终，只得怏怏而回。

转眼十多年过去了，到了2013年，我申报了中国作家协会支持定点深入生活的项目，希望到河南大平煤矿深入生活，获得批准。去矿上之前，我在日记本上自我约法：这次深入生活，要少喝酒，少应酬，少讲话，少打手机；多采访，多听，多记，多思索；一定要定下心来，深入下去。我把这个约法叫作"四少四多一定"。自己长期以来的心愿能否实现，取决于这次深入生活的效果，所以我非常珍惜这次深入生活的机会，决心把自己放下来，姿态放低再放低，以真诚、虚心、学习、劳动的态度，把深入生活做深，做细，做实。

大概是水土不服的原因，到矿上的第三天，我的肠胃出现了严重消化不良的症状，拉肚子拉得我浑身酸疼，眼冒金星，夜里呼呼地出虚汗，把被子都溻湿了。在这种情况下，我坚持一边吃药，一边到矿工家中走访。中秋节那天上午，我买了礼品，登门去看望一位遇难矿工的妻子和她的儿女们。我还让她的女儿领着我，特地到山坡上她丈夫的坟前伫立默哀。定点深入生活结束时，矿上举行仪式，授予我大平煤矿"荣誉矿工"称号。

回到北京后，我利用半年时间，把深入生活得到的材料，加上以前多次采访矿难积累的素材，加以整理，糅合，消化，一一打上自己心灵的烙印。接着我就静下心来，投入一场日复一日的"马拉松"长跑。从2014年6月开始，又用了半年时间，到2014年的12月25日，我跑完了属于我自己的"马拉松"全程，意犹未尽似的为小说结了尾。

值得一提的是,在写长篇之前,我选取深入生活所获得的万千素材中的一点,像赛前热身一样,先写了一个短篇小说《清汤面》。小说写了工亡矿工家属的互相关爱,并写了矿工群体集体性的人性之美。《清汤面》在《人民日报》副刊发表后,收到了不错的社会效果。

我之所以处心积虑地要写《黑白男女》这部小说,并不是因为它能挂得上什么大道理、大逻辑,也不是因为它能承载多少历史意义,主要的动力是来自情感。小说总是要表达人类的情感,而生死离别对人的情感造成的冲击最为强烈。别说人类了,其他一些结成伴侣的动物,一旦遭遇生死离别,也会悲痛欲绝。加上矿工遇难往往是突发的,年轻化的,非命性的,他们的离去只能使活着的亲人们痛上加痛,悲上加悲。小说总是要表现人世间男男女女的恩恩怨怨,矿难的发生,使男女恩怨有着集中的、升级的体现。小说总是要关注生与死之间的关系和意义,表现生者对死亡的敬畏。矿难造成的死亡常常是大面积的,一死就是一大片。

众多生命不可逆转的丧失，无数家庭命运的转折，使亲人的生变成了向死而生，对今后的生活和人生的尊严构成了严峻的考验。这些都给作者的想象提供了广阔的空间和更多的可能。实际上，失去亲人，是每个人都必然会遇到的问题，对失去亲人后怎么办，都要做出自己的回答和选择。在这个意义上，我想超越行业，弘扬中华民族坚韧、顽强、吃苦、耐劳、善良、自尊、牺牲、奉献等宝贵精神。

总的来说，写这部书，在境界上我对自己的要求是大爱、大慈、大悲悯。在写作过程中，我力争做到心灵化、诗意化、哲理化。想实现的目标是心灵画卷，人生壮歌，生命赞礼。我对读者的许诺是，读后既可得到心灵的慰藉，又可以从中汲取不屈的力量。

# 读书，滋润我们的灵魂

鲁枢元

4月23日是世界读书日。我刚从苏州过来，突然发现读书日与我们国内的"世界整容日"撞脸了！国人似乎都在投资个人外表形象工程：大眼睛、双眼皮、V字脸、苹果肌，最近又加上一条：A4腰！

现代的时尚消费，正在使人变得物质化、浅表化、粗鄙化。从效果看，一番打造后，许多女人变得一身名牌，一脸傻气，要是再一开口，便露出一肚子的俗气。

黄庭坚说：士大夫三日不读书，对镜便觉面目可憎。现代人就不知道，读书可以使人变得面目可爱，读书也是可以美容的。那是一种由人的内在的知识、情感、精神的涵养传递出来的气质的华丽与优美！

读书，是对于灵魂的滋润。滋润的灵魂能够传递出高雅的气质，从而散发出一种内源性的美。正如苏东坡所说"粗缯大布裹生涯，腹有诗书气自华"。

我刚刚读到贺捷生的一篇散文《永远的顾先生》，作者在文章中又引用了这句话：腹有诗书气自华。贺捷生是谁？一位80岁的老人，一位刚出生就随着父亲、母亲参加红军二万五千里长征的女性。她就是贺龙元帅的女儿、解放军少将，同时也是一位终身读书又写书的人，一位"满腹诗书气自华"的好人！

前年，她的散文集与我的《陶渊明的幽灵》一道获得鲁迅文学奖。授奖台上，她那谦和、儒雅、灵慧而又坚毅的气质与风韵，倾倒了台下所有人！80岁的女人，依然显得很美丽，就因为她也是一位被诗书滋润了灵魂的人！

如今，像他们这样的读书人越来越少了！

我也算是个读书人吧，毕竟读了60多年的书，至今还在天天读。读书是一个长期积累、毕生不间断的事，应当成为我们日常生活的一个有机组成部分。早年，王蒙先生曾对我说过一句话："读、写，是可以成为一种生存方式的。"我记下了。虽然我已经到了古稀之年，读书，仍然是我每天的日常功课。

在这样一个世界性的读书日里，我想给诸位提出以下建议：第一，要读书。为什么？以前说"书中自有黄金屋""书中自有颜如玉"，现在要从读书谋得实际利益，很难。读完6年小学、6年中学、4年大学、3年硕士，再花3年时间读个博士，读完22年的书，一个月不过挣数千元。

但还是要读书，是因为读书可以陶冶我们的性情，提升我们的人格，丰富我们的内在的涵养，改善我们的精神生态，滋润我们的灵魂，让我们成为一个有品位、有情致、有深度的人。

比起美容、整容，比起"玻尿酸""隆胸""割双眼皮"，这些难道不更重要吗？

第二，多读书。多读，读什么？这里我想提醒大家，除了专业书、科技读物，建议大家都读一点文史哲方面的书。

读文学艺术方面的书可以陶冶我们的情感，使我们成为一个体贴他人、同情万物的人，一个感觉敏锐、心肠柔软的人。

读历史，可以使我们看清人类的来路与前程，加强我们做人的深度与厚度。一定要读一些历史书，不只是正经八百的通史、断代史。对于一般读者来说，人物传记、历史故事、地理方志都在可选之列。

就像吃五谷杂粮有利于全面滋养身体，读杂书，用作家李佩甫的话说叫"野读""乱看"，才能丰富我们的心灵。以读史书为例，人类史、文学史、哲学史、艺术史、宗教史、生物进化史等都可以读一读，哪怕是一般浏览。

读一点哲学方面的书，可以支撑我们精神上的超越与飞升，领会到人生的彼岸世界。不要认为哲学书都很难读，《老子》《庄子》是难读，但即便看一看白话译本，也会有许多收获。柏拉图的《理想国》，卢梭的《忏悔录》，还有冯友兰、梁漱溟、王元化、南怀瑾这些中国当代思想家的书，也都不难读。

读书有"深读""浅读",浅读也比不读好。陶渊明说自己就是"好读书,不求甚解",读书读得如此从容、潇洒,也是一种境界。

第三,读好书。首先是读经典、读名著。现在许多人每天花很多时间在网络上浏览,这算不算"读书"?我倾向于从严格的意义上说:不算!因为你浏览的多半只是些信息、时政、传闻、随感。据我的一位从事现代传媒研究的专家朋友考察,网上的东西,哪怕是最为轰动的"网络事件",平均存活时间是七八天。如果真的读的是"电子书""电子名著",我觉得也不是理想的读书境界。真正意义上的"读书"只能是一卷在手,读纸质的文本,甚至,最好是在灯下。

就我自己的心灵培育来说,使我终身受益的是我在孩童时代读过的两篇故事,当时读的是"连环画""小人书",后来知道,那都是经典、名著。

一是200年前安徒生的童话《卖火柴的小女孩》。这个童话故事使我在小小年纪品尝到什么是忧伤,什么是悲痛,什么是同情。60年过去了,这故事仍然像深山梵寺里清幽而又浑厚的钟声，始终萦绕在我的心头，成为我做事、做人的底蕴。

另一篇是300多年前蒲松龄《聊斋志异》中的《王六郎》。老渔夫只为梦中的一句诺言，不惜跋山涉水千里赴约，与朋友王六郎相会。小说家蒲松龄最后描绘了长亭惜别的情境——王六郎化作一股旋风紧紧跟随渔夫不愿离去，难舍难分。渔夫对着旋风说："六郎，送君千里终须一别，别送了，回去吧！"那真挚的友谊真是催人泪下。从那时起，《王六郎》的故事在我心中扎下了根，"善良""仁义""真诚""友爱"这些中华民族的传统道德在我心中扎下了根。

除了上述"要读书""多读书""读好书"，今天，我还想再奉献给大家一句：也请量力而行"收藏一些书"，即"藏书"。作为一个热爱读书的人，自己的房间里不能没有一两架子书。把鼻子垫高2毫米，一次就要花上3800元，这钱可以买多少书啊！

退一步说，就是作为房间里的装饰，放两架子书，也比摆放一座"招财进宝"的摆饰好看得多。

总之，读书，是一种内在的需求，是灵魂深处的需求。要让自己做一个内蕴丰富、深沉有致的人，就一定要读书。

刚刚荣获"国际安徒生奖"的北大教授、儿童文学家曹文轩曾说："阅读是对一种生活方式、人生方式的认同。读与不读，区别出两种完全不同的生存方式。这中间是一道屏障、一道鸿沟、一座大山，两边是完全不一样的风景与气象。"

那么，让我们大家翻越这道无形的屏障或鸿沟，都来读书，让读书滋润我们的灵魂，让我们的人性因读书变得更优雅、更聪慧，让我们的生活因读书变得更充实、更美好！

# 童心比童年重要

肖复兴

儿童文学的写作，从某种程度而言，比成人文学要难。原因在于儿童文学书写的内容一般应该是儿童，而读者对象更是儿童。这样书内书外两方面的制约，使其写作带有命定的局限性，这便是为什么很多作家能够写出优秀的成人文学作品，却难以有优秀的儿童文学问世。我向来对儿童文学作家充满敬意。

儿童文学难写，还在于作者大多已是成年人，与作为书写对象和读者对象的孩子之间，存在着无法逾越的年龄差异和代际矛盾。于是，儿童文学作品中便常会出现矮化或高化的现象：或故意蹲下身子捏着鼻子装小孩的口吻说话，或高架着身板以过来人的姿态布道。

前者有意亲近,后者着意深刻。我一直以为,这两者是儿童文学写作的大敌。

因此,我写这本《红脸儿》的时候,不时提醒自己对此要格外警惕。在面对自己的童年经验的时候,梳理其脉络,打捞其细节,补充其想象,都并不难,因为那毕竟是自己的生命经历和体验。难在面对童年经验中要提炼出什么样的东西,要如何讲述,让今天的读者读的时候,并不感到时过境迁或陌生,不觉得只是作者自恋般的怀旧。它应该是陈年的酒,而不是隔夜的茶。但有时自以为是酒,就得有一定的度数,方才觉得醇厚,恰恰会伤害了儿童文学自身,不如作为水更好一些,即便做不到山间经年流淌的泉水,起码应该做到如我在小说里说的那样,是一碗透明的清水。

我想到了这样一个问题,即我所书写的童年和今天孩子的童年,从时代背景到生活场景,都不尽相同,但是,我们各自童年中所包裹的心,应该是一样的。这个心,就是童心。可以说,童年的故事可以千变万化,童心却是恒定的,无论生活如何春秋演绎,时代如何风云变幻，孩子的童心是不会变化的。这是儿童文学能够存活至今的鲜活的核心。

这个问题想明白了，我想《红脸儿》里无论大人们的事情是多么复杂，令孩子们难以理解和处理的，都只是故事发生的背景和动因，不是我主要着力去写的。我主要去写的是孩子们之间的友情，是在这些纷繁复杂且动荡不已的成人生活的颠簸中所呈现出的纯真动人的友情。这正是最让我难忘和感动的，这种孩子之间的友情，便是童心最好的体现，从来都是成人世界最醒目的对应物，尤其是如今成人世界最缺乏的。我以为成人思想再深刻，也没有孩子之间纯真的友情更深刻。和成人文学的写作逻辑与策略不尽相同，在儿童文学的写作中，从来都是最单纯的最深刻。

在写作《红脸儿》的时候，为让自己尽可能地找回久违的童心，我重新读了一部法国作家马塞尔·帕尼奥尔的长篇小说《我父亲的光荣》，好让自己有个学习的榜样。这是20世纪中叶法国非常有名的一部儿童文学作品，曾被列入当代30部法国最佳小说之一。它的副标题是"童年回忆录",和我一样也是作者年近花甲时对自己童年经验的书写。小说写的是普鲁旺斯一户普通人家的生活,主要描写了父亲一辈子就有一个梦想,像一个真正的猎人一样,能够进山打中梦寐以求的猎物。可是,父亲只有一把喷水壶一样只能打出霰弹的破猎枪,常受到拥有一杆新猎枪的姨父的嘲笑,以至真的一枪击中了号称山鹑之王的霸鹑的时候(因为枪打出的是霰弹,竟然一枪打中两只),父亲都没有自信去相信,是儿子跑向山谷,"在我那两只血淋淋的小拳头里垂下四只金色的翅膀,我面对夕阳,向着蓝天,高高举起我父亲的光荣"。

这里有什么曲折的情节吗?有什么深刻的主题吗?但是,每次读到这里的时候,我都会被感动。感动的原因在于,人的一辈子,谁没有梦想呢?哪怕这个梦想再渺小,也是梦想。父亲的梦想,其实也就是儿子的梦想,牵连、沟通着这个梦想的,正是作为儿子的"我"和父亲同样拥有的那一份难得的童心。是童心让父亲内心那个带有脆薄和虚荣心的小小的梦想,终于变成了一种人生的光荣。这种光荣，也属于"我"，因为父子之间的亲情，再一次在童心之中微妙荡漾。感动我的，正是这种童心，而不仅仅是那夕阳辉映中的两只山鹑之王。

这便是为什么我要强调在儿童文学的写作中，童心比童年重要。童心可以演绎童年生活的万千变化，让最不起眼的生活也可以焕发出光荣的神采，照帕尼奥尔自己的话，童心让"我"都已经"融化在时间蓝天里"。

确实，能够保存一份童心，对于一个作家是难得的。在儿童文学的写作中，童心可以点石成金。在北京一个叫粤东会馆的大院里，我从小在那里生活过21年。那是北京城一座有百年历史的老会馆，住着和我一起长大的童年伙伴，那些生活一直处于沉睡状态，人到晚年，蓦然惊醒，特别是最可宝贵的童年时期孩子之间最可宝贵而纯真的友情，突然在记忆深处如花盛开，令我自己感动而情不自禁。我想起苏联作家巴乌斯托夫斯基曾经讲过的话："只有当我们成为大人的时候，我们才开始懂得童年的全部魅力。在童年一切都是另一个样子。我们用明亮而春天的目光观察世界,在我们的心中一切都似乎明亮得多。"在这里,审视并唤醒童年的全部魅力,需要有个前提,即巴乌斯托夫斯基所说的明亮而春天的目光,这样的目光,正是来自我们的童心。

# 《陌上》与一个时代的新乡愁

付秀莹

中国乡村正处于一种剧烈变化之中,一些东西在悄悄瓦解和崩毁,同时,另一些东西正在艰难地重建和确立。整个当代中国,无论城市还是乡村,既有破也有立。中国乡村秩序恰恰在这种破和立的更替中呈现出一种复杂丰富的社会图景。现代化进程的不断加速,使得中国乡村在这种剧变中显得动荡不安,正如我的长篇小说《陌上》中所说的:风沙扑面,人心惊惶。人与人之间、人与土地之间的关系,正在发生着前所未有的变化和迁移。人们对生活的理解,对生命的审视,对物质和精神的追求与质询,都呈现出新的不同以往的角度和质素。这就是当下的乡土中国,是新的中国经验、新的乡村经验。

在《陌上》里，我写了华北平原上的一个小村庄，叫作芳村。小说以散点透视的笔法，几乎写下了芳村的家家户户，他们的日常生活，他们的喜怒哀乐，他们颠沛流离的内心历程，折射出大时代的波光云影。小说涉及了当下乡村世界的方方面面，政治的，经济的，伦理的，情感的，文化的，几乎所有这些方面，都在发生着新的变化。而乡土文化的新变，尤其令人瞩目。

千百年来，中国乡村生活在一个庞大的传统的力量制约之下，有着相对整齐而明晰的秩序感，比如说，宗族意识强烈，年高德劭的类似族长式的人物，往往在乡村生活中有着很高的地位和权威。这种宗族意识仿佛黏合剂，使得一个村庄作为一个有机的整体而焕发活力。然而，随着现代化发展的不断深入，强大的物质碾压之下，一些固有的、延续了千百年的传统正在悄悄断裂。在《陌上》里，在芳村，有着绝对震慑力和话语权的，不再是村子里德高望重的老者，而是那些在经济上拥有优势的人。无论这些人在道德上有着怎样的瑕疵甚至缺陷，无论他们的经济优势通过何种方式获致，都丝毫不影响他们在芳村呼风唤雨的位置和能力。人与人之间的关系变化，更多地受到物质力量的支配和控制。即便是村委会主任建信，尽管身居芳村政治结构中的最高层，但在当地首富大全耀眼的金钱光晕之下，也不得不甘拜下风，甚至在关键时刻还要仰仗大全出手相助。芳村的头号人物，不是建信，而是大全。

中国传统文化中，父慈子孝，兄友弟恭，夫唱妇随，这些都是传统的中国家庭的生活理想。而当下的芳村则不然。芳村人虽然大多文化不高，但在这样一个资讯如此发达的时代，他们通过各种方式，深深领教了现代文明的厉害。他们见识得越多，痛苦和烦恼便越多。现实和理想之间的深渊令人沮丧和绝望，同上一代人相比，或许他们更难以获得内心的安宁，更难以在传统的秩序中安分守常。

自古以来，中国婆媳关系就是颇值得玩味的人际关系之一种。婆婆作为一个家庭中的女性家长，对于同为女性的儿媳，往往是严厉苛责的。这其中当然有着婆婆作为女性的幽微隐秘的微妙心理在起作用,更重要的是,儿媳作为对立的另一方,显然持一种逆来顺受的态度,隐忍,克制,屈抑,等待。中国有句俗话:多年的媳妇熬成婆。芳村也有句俗话:媳妇越做越大,闺女越做越小。大约意思是一样的。然而,在当下的芳村,世道确实变了。在《陌上》里,传统的婆媳关系早已经颠倒。翠台和儿媳爱梨,喜针和儿媳梅,兰月她娘和儿媳敏子,她们之间那些明争暗斗,微妙的较量,隐秘的敌意,甚至儿媳对婆婆的公然辱骂,种种境况,都令人心惊。而父子关系中,随着父亲的年老体衰以及劳动能力的丧失,父亲在这一关系中渐渐变为弱势,需要仰子女鼻息度过晚年。《陌上》里,老莲婶子在老伴病重之时,为了不看儿女脸色,不使儿女为难和嫌弃,决然拔掉了他赖以续命的输液针管。而她自己,在老病相逼的时候,不堪儿女的漠视和厌弃,喝农药走了绝路。小说在结局写道,"明天十五,月又要圆了"。然而这个淳朴善良、操劳一生的农村老妇人,却再也无法享受人世间的月圆之夜了。兄弟之间,姊妹之间,夫妇之间,他们的关系、情感以及相处方式,都有可能在物质的强大作用之下,发生扭曲和变异。这种关系的颠覆和重构,是当下中国乡土文化新的变化。

在农耕文明时代,人与土地的关系是血肉相连、密不可分的。人们对土地和田野的眷恋与热爱,是乡土文化的精神内核。然而,随着现代工业的大量涌入,人们从田野走向工厂。人与土地之间的关系日益松弛、冷漠,很多人不再种地,很多农耕时代的农具渐渐淡出人们的日常生活,与农耕文明密切相连的民俗、农谚、民谣和二十四节气等,都渐渐变为一个虚化的概念。在乡村,土地成了可有可无之物,甚至成了人们奔向外面大世界的沉重负担。人们随意把土地出租、转让,甚至听任田园荒芜。《陌上》无数次描写繁茂的庄稼地,庄稼在一年四季里的种种风致,其实包含了哀婉、眷恋的不舍深情,有挽歌的意思在。微风吹来泥土的气息,而那些高高矗立的工厂里,机器轰鸣,二者彼此呼应,令每一个熟悉并热爱乡村生活的人,顿生今昔之叹。

在《陌上》里,我不断地写到田野里的坟地,写到乡村红白喜事的风俗变化。中国传统乡村生活中，注重和讲究仪式感，庄严，盛大，有一种俗世的热闹和繁华，不论是欢乐还是悲伤，都是一种有意味的形式。然而，如今的人们早已经失去了这份闲情，也丧失了享受这种闲情的能力。他们都忙于挣钱。早先那一整套的繁文缛节，如今都被省略了。粗糙，简陋，仓促，匆忙。一切都可以用钱来解决，一切都散发着明晃晃的金钱的气味，强悍粗暴，不容置疑。对于生与死，对于人世的悲欢，人们不是豁达，而是变得麻木了。得过且过，且过了今日再说。即便是为亲生父母上坟，倘若跟挣钱发生了矛盾，自然是父母事小，挣钱事大。中国传统文化中的孝道，在乡土文化中曾经何等繁盛，生生不息，而今，大约是真的要衰落了。

　　我们熟悉的亲爱的乡村正在渐渐消逝，而另一个新的乡村正处于艰难重建之中。《陌上》寄托的，不仅仅是我们的新乡愁，更是一个时代的新乡愁，是中国的新乡愁。

# 刹那欢喜（代后记）

一

"风花粉"——

她咬着下唇，像是费了好大劲儿才吐出这三个字。

我记得说完之后她笑靥如花的样子。

红姐姐是那样大气、洒脱的女子。她说，成都有翟永明的"白夜"，深圳有扫红的"尚书吧"，希望郑州也有这样这一个诗人文友的聚集地。

我脱口而出:"咱们的就叫'风吧'!"

那时,中原风读书会刚刚举行到第三期。某个春风沉醉的夜,我们围绕着马新朝和单占生两位长者,久久不愿散去。

那晚诗人们澎湃的热情定格在我的记忆中,正如这近千个日夜的时间,每一期读书会的场景都以这样那样的画面储存在我的脑海里。

明知道,所有的日子,所有的光阴,所有触不到的循环往复的时间,都是留不住的;

明知道,所有的故事,所有的相遇,所有不断分叉日渐模糊的记忆,都会随风而逝。

我仍怀着一颗虔诚的心,想把这一切记录下来,手工制作一份关于读书的记忆,一份关于相聚的记忆,梦想留住那些时刻的欢喜。

记得葡萄牙作家费尔南多·佩索阿的话:我们活过的刹那,前后皆是暗夜。

因为前后的暗夜太漫长,那么在我们活过的时间里,就让这些曾有的关于读书的欢喜释放出星星点点的光芒，这光芒连接起来，也许会在某个时刻驱散心底的孤独吧。

## 二

与时间安然相处殊为不易，大部分时候，人们都是慌乱的、焦灼的，在热闹的人群中会感到孤独，在静静地面对自我的时候也会觉得不安。

偶尔的不安和孤独又算什么？

那么多物质、权力、情感的欲求，一个接着一个要去实现，要去满足，这是一条没有尽头的路，随波逐流，一生很快就会过去。

千百年来，人们都是这般度过，生命也是如此耗费的。

但总有一些人自愿慢下来，按照内心的节奏，过另外一种生活。

这需要智慧和修为。

同样，需要一种机缘，一个出口。

我相信阅读的价值，那一本本写满人类智慧的好书是指向不朽的努力。

发起中原风读书会，只是想为爱读书、爱写作的人提供一个相聚交流的平台，想通过纸质的温润，传递文字的力量，让书香在这方土地弥散，滋养更多人的灵魂。

最初这个念头只是作为副刊编辑的我在心里孕育的一朵小小的花，后来，这朵花在《河南日报》中原风新媒体的平台上摇曳盛放，水声山色间，我们看见了彼此，那么多怀着同样渴望与梦想的人，情与貌，甚相似！

这是关于聆听的故事，那些你或许只是在书上看到过的名字，那些闪亮却似乎遥远的星辰，忽然就在眼前了，他们将自身多年的阅读写作经验甚至生存体验和生命感悟都毫无保留地分享。

这是关于相聚的故事，我们在人群中看到了彼此，我们分享着喜欢的书籍，说着一些平日从未说过的话语，敞开心扉，传递欢喜与感动，像是遇到前世的知己。

这是关于书的旅行故事，从低调优雅的城市之光书店，到江南园林般的清新的纸的时代书店，从尚书房、锐普书房、松社书店，到时尚大气的大河书局经纬店等，风儿带着书和"风花粉"去享受这一个个迷人的阅读空间。

书是生活，让我们偶尔跌落在时间之外。

在此地，时间之外的时间无限延展，它丰盈饱满，它深情款款。

## 三

北京的朋友姜范转来一条微信：郑州被评为最浪漫的城市，原因之一是文艺类书籍购买量最大。

我调侃：应该有风儿一份功劳吧？

她郑重回复：当然！

是的，一座城市，一个地区，读书的氛围日渐浓郁，这种改变，纵然缓慢，却也清晰可见。

改变的还有我自己。

曾经安于缓慢和寂静。必要的考试和工作之外，随意地阅读，闲逛，发呆，偶尔打捞散漫的思绪，编织一些文字。

当我为读书会策划、筹备等大大小小的事情忙碌时，竟然发现我的读书时间不是变少，而是更多了。

以前零落的时间碎片，都被捡拾起来。围绕一个话题，要认真去读新书，要翻阅大量相关的书籍，那些沉积在脑海中的旧书也被再次打开，对很多问题的思考由此豁然开朗。

意外地，坐在主持人的位置上，从最初颤抖着拿起话筒到如今出口成章，在语言表达日渐流畅的同时，纷乱的思路也似乎在理清。

为什么不多邀请一些文艺之外的大家，推荐一些更热门更普及的书籍呢？常常听到这样的建议。

我是如此清楚地知道，那同样需要机缘。

这样一路走来，凤儿找到了要找的读者，不再盲目追求所谓浩大的声势和影响力。

我看到太多"风花粉"的改变，在乱花迷人眼的世相中，他们内心笃定，专注并有所坚持。

仍然只希望，有那么一场读书会，你来了，你听了，或者你只是看到凤儿写下的文字，你受到了触动或启发,这样就够了。

就如"风吧"虽然只是存在于构想中,但它跟随风儿和"风花粉"的足迹,早已落地生根,无处不在。

记忆未完,欢喜待续。

## 精品栏目荟萃

《副刊面面观》

《心香一瓣》

《纽约客闲话精选集 一》

《多味斋》

《文艺地图之一城风月向来人》

《书评面面观》

《上海的时光容器》

《谈艺录》

《问学录》

《名人之后》

《纽约客闲话精选集 二》

《编辑丛谈》

《本命年笔谈》

《国宝华光》

《半日闲谭》

《云泥鸿爪一枝痕》

个人作品精选

《踏歌行》

《家园与乡愁》

《我画文人肖像》

《茶事一年间》

《好在共一城风雨》

《从第一槌开始》

《碰上的缘分》

《抓在手里的阳光》

《阿Q正传》

《风吹书香》

《书犹如此》

《泥手赠来》

《住在凉山上》

《老解观象》

《犄角旮旯天津卫》

《歌剧幕后的故事》

《色香味居梦影录》

《走读生》

《回家》

《武艺十八般》

《一味斋书话》

《收藏是一种记忆》